ABERRACIONES POLITICAS: COMO EVITARLAS

LUIS E. MARTINEZ

ÍNDICE

ORDEN ESTABLECIDO

Todos estamos condicionados a la vigencia que pueda tener o no un orden establecido, y podemos decir que un orden establecido: es un conjunto de ideas y procedimientos que tradicionalmente se tiene la costumbre de practicar, o que alguna idea nueva estaría mostrando cierta vigencia, que hace pensar que esta podría llegar a formar parte del orden establecido.

Por motivos obvios: los órdenes establecidos no se han configurado de una manera perfecta, lo que hace que comúnmente se genere cierta inestabilidad conflictiva entre sectores a los que genéricamente podríamos llamarlos: conservadores o que son muy reacios a la introducción de nuevos parámetros en el orden vigente, y liberales: o que prefieren o consideran que algunos parámetros del orden establecido han perdido vigencia, y se haría inexorable introducir cambios según las nuevas perspectivas.

La magnitud de la inestabilidad conflictiva resulta muy relativa según la sensatez de los factores en juego, llegando a ser muy apacible cuando abunda la sensatez, o muy traumática cuando esta escasea, incluso: algunos individuos consideran que efectivamente resulta de mayor conveniencia colectiva, la introducción de las nuevas propuestas, pero que aun así, tales no dejan de afectarlos, puesto que estas nuevas propuestas representan una desincorporación o perdida de vigencia de factores en los cuales han venido manteniendo cierta hegemonía y o dependencia, pero no tienen la capacidad de abordar las nueva propuestas, al menos en comparación como si la tendrían otros factores.

Como ejemplo de esto podríamos citar el efecto que ha tenido la electricidad en la sustitución de maquinarias que funcionaban con carbón, el efecto de las comunicaciones instantáneas, principalmente la telefonía fija y móvil, el email etc., sobre los sistemas de correo, la fotografía digital sobre la fotografía analógica, los medios de comunicación y edición digital sobre los medios impresos y manuales, y en este orden de ideas: un sinnúmero de factores novedosos que en ocasiones resulta imposible calificar y cuantificar.

Este tipo de transformaciones, van enmarcadas dentro de un orden macro, representado por el elemento político y también el elemento religiosos, lo que hace que en realidad serían dos órdenes macros, pero aun así, podríamos utilizar o rediseñar el concepto de geopolítica para definir la correlación entre política y religión como un mismo contexto, o sea: que al hablar de geopolítica, nos estaremos refiriendo simplemente a esa correlación político - religiosa, indistintamente de cualquier otro concepto., aunque también se le podría llamar la teopolítica.

Se tiene establecido la existencia de múltiples órdenes establecidos en política, pero en realidad llámense como se llamen muchos de ellos, solo existen tres factores ideológicos básicos, que son el ideal de centro, el de derecha y el de izquierda, y fuera de ellos solo existen aberraciones contextuales, sobre todo cuando se recurre a fusiones de dos o todo ellos, tales como centro izquierda, o centro derecha, y las aberraciones se dan por el hecho que todos son incompatibles unos con otro.

Por ejemplo: las llamadas centro derecha y centro izquierda no son más que una degeneración del centro, y esto se da porque no se manejan los conceptos en su esencia pura, y puede probarse sin lugar a dudas que muchos individuos que se dicen practicantes del ideal de derecha o izquierda en realidad practican es centro, y muchos que se dicen de centro en realidad practican es derecha o izquierda, lo que hace que la corrección de las aberraciones que se suceden en estos casos, vienen dadas por el esclarecimiento del correcto contexto ideológico.

En estos casos, las aberraciones no ocurren solo en las pretensiones de querer mesclar el centro con los extremos de derecha e izquierda, sino que los extremos de derecha e izquierda, de por si representan una aberración, lo que hace que aun actuando en solitario, no dejan de de ser execrables, principalmente porque estos son ideales caníbales o atacantes, o sea: en esencia representan una lucha del hombre por el hombre, donde para lograr participación se hace necesario subestimar, oprimir, o eliminar a factores hegemónicos idénticos y mas fuertes o más débiles.

En cambio en ideal de centro, contiene en esencia: la correlación armónica de todos los factores, indistintamente de su mucha o poca hegemonía, procurando deslastrase al máximo de factores de celos y envidia, e igualmente procurando el respeto y la solidaridad común, esto hace del ideal de centro, el único valido como factor para procurar los mayores niveles de satisfacción, pero donde precisamente no existan o convivan los ideales degenerativos extremos, o como mínimo no tengan un participación decisiva o hegemónica.

Generalmente solo los líderes políticos se definen como practicantes e impulsores de determinada corriente ideológica, dicen ser de centro, derecha, izquierda, centro izquierda, centro derecha etc., y en ocasiones simplemente demócratas y si bien este término representa en esencia al ideal de centro, no siempre se identifican como centristas, y esto le hace un flaco favor al centro, pues resulta de mayor conveniencia diferenciarse de los factores rivales mediante la raíz ideológica, y no hacerlo: contribuiría con la figura del paracentrismo, lo cual no es más que una táctica disuasiva impulsada por los extremistas, en procura de restar la mayor vigencia a la raíz ideológica de centro, pues crea mayor motivación en el establecimiento de diferencias entre las distintas ideológicas, lo que dejaría mas al descubierto las aberraciones de los ideales extremistas.

Indudablemente la figura de la democracia, representa el factor ideológico de mayor supremacía sobre cualquier otro, a tal extremo que los rivales de los extremos, se valen de dicha figura para aprovecharse de esta supremacía, pero no la usan para practicarla, sino como mecanismo de penetración engañosa para promoverse políticamente como demócratas, para luego: si las circunstancias se lo permiten, dar un giro evidente hacia el extremismo, y en este caso resulta muy común, ver a dirigentes promoverse como demócratas y al mismo tiempo como izquierdistas, generalmente desde la figura del socialismo, lo cual no es más que una de las tantos nombres del izquierdismo.

Casi toda la confusión existente, es producto de los muy vagos que resultan los parámetros que definen a todas las ideologías, incluso si existiera la definición muy clara de alguna de ellos: casi automáticamente quedarían definidas las demás, y ese empeño en evidenciar los parámetros ideológicos no resultan de la conveniencia de los extremistas, pero si en grado sumo de los centristas, pues ellos sería como padecer una severa enfermedad y no poner mayor empeño en procurar una cura para ello.

Resulta paradójico hablar de ideología como tal, sin tener que tomar en consideración los factores de estado y gobernabilidad y religión, pues de esto depende que la configuración de un orden establecido pueda mantener la mayor vigencia y en este orden de ideas, podemos decir que en algunos casos, es muy poco lo que faltaría por acomodar: para que pueda establecerse un régimen u orden establecido con la mayor solvencia posible, la cual solo puede brindar el ideal de centro.

GOBERNABILIDAD

A tal efecto hablaremos de los factores que compondrían la regencia del estado y gobierno, y de los factores gobernantes y ciudadanos en general, y en este caso podemos señalar, que una de las principales aberraciones: se generan por el hecho donde todos los ciudadanos tendrían igual derecho o peso en la escogencia de gobernantes, y tales aberraciones entre otras, están representadas por el hecho donde no importaría la precariedad mental e intelectual de un individuo y aun así: se le permite que mediante simplemente un voto electoral, estos puedan sobreponerse cuantitativamente sobre los ciudadanos mayor capacitados intelectualmente.

Igualmente donde se permite a individuos de la peor conducta moral, incluso con amplios prontuarios criminales, igualmente sobreponerse mayoritariamente sobre los ciudadanos de mayor honestidad, en este caso: generalmente solo resulta típico excluir a funcionarios públicos que hayan mostrado una conducta deshonesta, pero no a los electores, lo cual resulta paradójico permitir estas aberraciones.

Paralelo a esto: se permite alguna configuración de poder gubernamental, que si bien no resultan tan aberrantes como las anteriores, igualmente no dejan de ser intolerables, y tal es el caso donde se permiten como figuras regentes de los poderes gubernamentales, a factores relativos en detrimento de factores absolutos.

Para esto se hace necesario hablar de la existencia de un solo factor absoluto, el cual está representado por la inteligencia, pues es el único factor que puede definirse a si mismo y a los demás, en cambio algunos factores como el dinero, el carisma, la popularidad, la belleza física, la fuerza física, las titularidades, profesiones y especialidades, la raza, la religión como figura política, etc. no pueden definirse a sí mismos, sino que necesitan de una inteligencia que lo haga.

No se trata tampoco de una simple cuestión de definición, sino que indudablemente ningún otro factor posee la solvencia y capacidad solutiva de la inteligencia, aunque también es bueno reconocer que esta, al menos para efectos de gobernabilidad, no necesariamente debe actuar sola, sino que necesita acompañarse de factores que si bien resultan relativos, son inherentes a ella, tales como la memoria y el conocimiento, y de la solvencia de otros factores relativos como el dinero, la capacidad físicas, popularidad, carisma, etc., y sobre todo del amor al prójimo.

Teniéndose firmemente establecido que es a partir de la inteligencia que deben tomarse en consideración los demás factores, indistintamente de lo muy virtuoso que pueda ser un individuo en factores relativos. Todo esto hace que las gobernabilidades generales y algunas regencias, serían ocupadas por individuos dotados de la mayor inteligencia disponibles y con el mayor radio de acción de dominio de especialidades; o generalistas como generalmente se conoce a estos individuos.

Los cargos de gobernabilidad principal como los de presidente, gobernador o alcalde, requieren que los funcionarios que ocupen estos cargos, estén dotados del mayor radio de acción en las más disimiles especialidades, pero muchas veces se recurre es a individuos muy destacados en solo alguna especialidad o virtud, y es partir del momento en que resultan elegidos, ES cuando comienzan a ganar conocimiento y experiencia en las especialidades requeridas por los entes bajo su mandato.

Visto todo esto: se tendría el perfil ideal de los individuos que deberían ejercer los distintos gobiernos y también se tendría el perfil ideal de los ciudadanos que deberían refrendar de manera absoluta la escogencia de los gobernantes, pero dejando espacio a que el resto de los ciudadanos, también pueda participar en los procesos refrendarios, pero de manera relativa, o sea: que bajo ninguna circunstancia, el voto u opinión de estos prevalezca sobre quienes posean condición absoluta, y si acaso fuesen idénticas, no se debe perder la perspectiva que la supremacía decisiva la tendrían los absolutos.

Aun así: esto no terminaría con las aberraciones que se generan en la configuración de los distintos criterios de gobernabilidad, pues quedarían por resolverse entre otros: los severos traumas existentes en la repartición de las diferentes cuotas de gobernabilidad y poder, tal como ocurre en prácticamente todos los países, a través de las figuras de sector gobernante u oficialistas y sector opositor.

En este caso podemos señalar los muy severos traumas que en ocasiones sufren los sectores opositores por parte de los sectores oficialistas y en ocasiones los opositores no sufren acoso oficialista, pero el solo hecho de no tener poder gubernamental o de tenerlo de una manera efímera, ya resulta un severo trauma para muchos.

Como mecanismo tendente a superar tales traumas, resulta común recurrir a una coalición gubernamental, de esta forma se procura la mayor participación posible de buena parte de los factores, aun así: estas coaliciones no siempre abarcan a todos los factores, ni tampoco son los suficientemente solidas, por lo que no deja de generar traumas cuando estas se rompen, o a los factores ajenos a ella que no tienen participación.

Buena parte de la fragilidad de las coaliciones se bebe al hecho que estas son conformadas mediante alianzas part distas o de liderazgos, pero pocas veces o ninguna, la figura de la coalición como tal, forma parte de orden establecido constitucional y o legal, de modo que un eventual rompimiento no pueda ser posible, lo que garantizaría una estabilidad tal vez absoluta, pues la configuración dependería de los porcentajes de participación electoral que haya conseguido cada uno de los factores tanto absolutos como relativos.

De esta forma todos los factores tendrían part cipación, pues de hecho para configurar un partido político, generalmente se requiere de un mínimo de firmantes y o fundadores de tal organización, e igualmente se ha visto que comúnmente todas las organizaciones y liderazgos que participan en un proceso electoral, obtienen así sea un mínimo de sufragios, pero que sería bueno que exista un nivel mínimo de sufragios o participación para que todas puedan tener legitimidad.

Esto no afectaría al grueso de la dirigencia política ni a los ciudadanos comunes, pues a todos les resultaría muy fácil acomodarse en algún factor afín a su ideológica o conveniencia donde de seguro tendrían participación oficialista, y quienes no deseen formar parte de la coalición única gubernamental, tendría un problema de autoexclusión que se los estarían buscando ellos mismos.

En cuanto a los porcentajes de votos necesarios para ejercer la toma de decisiones, no habría mayores problemas, pues tales estarían supeditados más a criterios cualitativos que cuantitativos, definidos por los individuos de mayor inteligencia y por la inteligencia misma, lo que hace que en

11

todo momento se estaría tomando las decisiones de máxima lógica sobre cualquier otra, y en caso de aberraciones en cuanto a estos criterios de máxima lógica, aplicarían criterios de descredito y exclusión para quienes incurran en ello.

De esta forma la Coalición Nacional Única: representaría la erradicación de un sinnúmero de males que aquejan a los diferentes países y sus ciudadanos, lo que permitiría la marcha hacia el desarrollo con el concurso de todos, y en un ambiente de correlación armonía, o dicho de otro modo: sin padecer los traumas aberrantes de exclusión que generalmente se han estado sucediendo.

La Coalición Nacional Única permitirá: no solo la homogeneidad política, o al menos un ambiente de correlación armónica, sino que también permitirá la correlación armónica de varios factores homogéneos como los raciales, sociales o regionales, pero que histórica o circunstancialmente generan parámetros conflictivos ente ellos, pues todos tendrían garantizada participación gubernamental, ya que en todos los sectores existen individuos dotados de los más relevantes parámetros de inteligencia y por que la participación estará ajustada al porcentaje proporcional global de cada sector.

Pero en estos casos es bueno señalar: que la hegemonía y supremacía de los factores de inteligencia, actúan es en forma singular, o sea: estos son representantes de la inteligencia misma, pero no de algún factor relativo al que se pertenezca, quedando relegando estas circunstancias a parámetros relativos, de esta forma algún individuo de alguna raza, grupo social o regional, que igualmente posea parámetros de supremacía de inteligencia, actuaria como miembro del sector inteligente, pero no como miembro del subgrupo relativo, pues en este caso, actuarían parámetros de relatividad sobre tal individuo, lo que su vez le restaría parámetros de supremacía en cuanto al factor de regencia global de inteligencia.

Dentro de los factores que han venido actuando de una manera muy parecida a la coalición nacional única plateada aquí, merece mención especial el esquema político electoral y de gobierno que existe en los Estados Unido de América, en este caso, las dos principales fuerzas políticas, conformadas por el Parido Republicano y el Partido Demócrata, mantienen una estrecha coalición gubernamental de manera acorada o tácita, que con sus altas y sus bajas puede decirse que resulta excelente, tanto en la correlación armónica como en el logro de objetivos.

Igualmente merece señalarse el mecanismo de elección de segundo grado que permite a un *cuerpo colegiado* definir los resultados finales de una elección popular mediante votos electorales, en este caso: el Colegio Electoral ameritaría una modificación, de modo que sus miembros estén conformados por individuos de la mayor inteligencia disponible, y tendrían como funciones, tanto la escogencia de sus propios miembros, como la escogencia de los diferentes candidatos a cargos gubernamentales, según apliquen como individuos muy inteligentes, o sea: que no cualquier individuo puede ser candidato, sino quienes apliquen como de mayor inteligencia.

El cuerpo colegiado, tendría también funciones de regencia gubernamental de tipo ejecutiva, legislativa, judicial y de defensa, pero todo esto comúnmente de manera relativa, pues el ejercicio de esos poderes, ordinariamente la ejercerían funcionarios a tiempo completo en sus funciones públicas, por lo que los regentes de lo que se podría llamar Consejo Oficialista Permanente, ejercerían sus funciones solo de forma discrecional, entre otras cosas porque comúnmente estos también estarían compartiendo sus funciones públicas con actividades de tipo privado.

La definición de los individuos de mayor inteligencia no suele ser fácil, pues los mecanismos de definición no son muy precisos, pero si sería muy fácil establecer cuales lideres no aplicarían como factores de mayor inteligencia, tal como los casos donde algunos se opondrían a la tesis de la mayor inteligencia como figura de regencia gubernamental, pues automáticamente tales lideres se estarían autoexcluyendo, al renegar e ir en contra de la supremacía de la inteligencia.

En esta tesis no aplican criterios de discriminación hacia los individuos de menor inteligencia, pues simplemente: resulta totalmente ilógico que existiendo individuos muy inteligentes para ejercer la regencia gubernamental, por motivos discrecionales se prefiera otorgar esas funciones a individuos de los que se tiene establecido no lo harán mejor que los más inteligentes, y peor aún: si igualmente se tiene establecido que la dinámica política exige hacer la cosas lo mejor que se pueda, so pena de severos castigos o reproches a quienes promuevan y cometan errores.

A toda esta configuración macro, faltaría por añadirle un **Sistema Operativo Básico**, donde quede establecido el marco legal o doctrina: incluso, del cual deriven todas las disposiciones reglamentarias que regulen al estado, al gobierno y a los ciudadanos. Tal marco legal debe de estar desprovisto de las fallas y aberraciones comúnmente existentes en el sistema, tales como las leyes relativas que se establecen en función de los más variados intereses y factores de conveniencia propia, que por ser relativas ya representan una calamidad.

A tal efecto se haría necesario recurrir a la **Rigurosidad Legal Del Sistema**, como patrón básico de orden legal, o sea: se haría necesario configurar las layes estrctamente ajustadas a las leyes naturales del sistema, pues tales leyes son absolutas, y el ser humano se encuentra inexorablemente supeditado a las directrices de estas leyes, por lo que desentenderse de ellas representa una caso de atentar contra la existencialidad del individuo, o dicho de otro modo: ajustarse a ellas lo más estrictamente posible, representa la máxima garantía de existencialidad.

En realidad abundan las legislaciones cuyos estatutos contienen parámetros muy ajustados a la rigurosidad legal del sistema, pero en muchos otros casos las disposiciones legales son verdaderas aberraciones, tales como las señaladas anteriormente donde se deja abierta la posibilidad que los factores de estado y de gobierno pueda ser escogidos y regentados por individuos del peor nivel intelectual y la peor calaña moral, y que tales disposiciones legales parten del criterio donde de manera aberrante se le da absoluta prioridad al factores cuantitativos sobre cualitativos, o a factores cualitativos de discrecionalidad paupérrima sobre cualidades con las más altas solvencias operativas.

Una vez establecido el marco legal basado en la rigurosidad legal del sistema, faltaría establecer las legislaciones derivadas de ese marco legal, y que obviamente, ello implica derogar los parámetros aberrantes existentes, y simultáneamente establecer nuevas legislaciones con sus correspondientes correctivos, y para ello señalaremos algunos de los más generalizados y neurálgicos, ya que actúan de una manera severamente traumática sobre los individuos.

La mayoría de ellas representan una forma de robo, despojo, expolio, estafa etc., donde se permite legalmente expropiar al individuo productivo mediante criterios leguleyos aberrantes, estos serían las expropiaciones mediante demandas judiciales, mediante figuras aberrantes de tipo sucesoral, divorcio o separación de pareja, mediante

15

parámetros aberrantes de la figura de las apuestas, y mediante parámetros aberrantes de expropiaciones o adquisición forzosa de propiedades privadas con motivo real o supuesto de interés público.

DESPOJOS POR DEMANDAS

En el caso de las demandas judiciales, resulta aberrante despojar al individuo de cualquier bien patrimonial obtenido honradamente, para cubrir o indemnizar alguna falta cometida, en este caso lo más lógico es que el agraviado haya procurado los servicios de un seguro que le permita cubrirse del siniestro sufrido, o incluso se podría recurrir a un seguro de responsabilidad civil que haya contraído el agresor, para tales casos donde podría aplicar el pago de alguna indemnización.

La situación es tan aberrante que se ha estado generando una especie de vicios de demanda, donde se entablan demandas hasta por los más inverosímiles motivos, y generalmente por cifras exorbitantes.

Esto hace que debería ser la figura del seguro la que rija estos casos, entre otros detalles porque el criterio actual de demandas judiciales discrimina a los individuos productivos, obligándoles a pagar indemnización mediante el despojo de parte o incluso todo su patrimonio, mientras que no ocurre así con los individuos de escaso o ningún patrimonio, pues por motivos de hecho, estos nos disponen de patrimonio suficiente como para cubrir el valor del siniestro que en muchos casos generan, por lo que debe ser, el *principio absoluto de resguardo patrimonial legalmente obtenido, el que prevalezca en estos casos*.

Las aberraciones no aplican solo para fines económicos, pues comúnmente se tortura de forma indiscriminada al individuo, mediante una especie de "licencia para torturar" que aparentemente posee todo aquel que se le antoje castigarle, al quedar expuesto al escarnio público tras haber cometido un delito real o supuesto, y dentro de lo mas aberrante de esto, es que a veces tal *linchamiento mediático*, puede resultar peor castigo que el encarcelamiento, pero que en todo caso: los individuos quedan expuestos a recibir una gran pena, sin que tal pena se encuentre estipulada como medida legal de penalidad, lo que hace que sea dictada en forma extrajudicial y sin límites de ejecución, por todo publico que se erogue las funciones de actuar como juez y verdugo.

De igual forma se expone al escarnio público a notables figuras del mejor orden, pero que por simples sospechas de haber cometido un hecho impropio, a veces infundados, comienzan a recibir un trato judicial y mediático de lo peor, irrespetando de forma aberrante todo principio de escrutinio, averaje e indulgencia, que permitan resguardar a dichos individuos de las penas a las que pudiera quedar expuestos, mientras se llevan a cabo las respectivas investigaciones, donde se pudieran aclarar la veracidad de los hechos y se tomen muy en consideración los meritos y virtudes que este posea y que son necesario resguardar, incluso en los casos donde se verifique alguna culpabilidad.

Existen algunas figuras tales como recursos de amparo, inmunidad parlamentaria, antejuicio de meritos, recursos de habeas corpus, etc., que brindan cierto amparo a figuras notables, pero estas aplican casi siempre solo para funcionarios de muy alto rango gubernamental, pero pocas veces o ninguna a funcionarios de menor nivel, ni a ciudadanos que hacen vida en el sector privado, salvo algún tipo de censura cuando hay involucrados menores de edad, y en realidad tales mecanismos de amparo poseen una gran lógica, solo que su implementación debería ser extensiva a casi todos los sectores, de modo que pueda existir el mayor amparo posible a todo individuo, sobre todo como medida de *correlatividad indulgente*, y que funcionaría en la medida que los ciudadanos de menor nivel de resguardo, se muestren solidarios con las medias que amparan a los de mayor nivel.

Puede decirse que todo individuo está obligado a mantener un invicto operativo, no solo según el orden establecido, sino también según el parecer de contrapartes, como en los casos donde se establece que acumular riquezas o ser rico es malo, y los caso donde si no se acumula suficiente bienestar económico entonces se sería un fracasado, pero genéricamente si se le observa algún hecho impropio a algún individuo, existen muchas posibilidades de caer en desgracia casi de manera irremediable, sin que en muchos casos puedan prevalecer factores de escrutinio entre el estatus o desenvolvimiento favorable que se tenga y los errores que eventualmente se comenten.

En este caso digamos que resulta aberrante que algún individuo se esmere en reunir algún tipo de prestigio en un ambiente donde no exista evaluación por escrutinio o averaje, y quedar expuesto a los peor si comete casi cualquier error, y del mismo modo resulta aberrante la actitud de individuos que se esmeren en hacer reproches o condenas sin tomar en consideración los factores de escrutinio operativo, tal como se hace en el ambiente de los deportes, donde los estatus generalmente se crean en base a un averaje entre aciertos y desaciertos. En realidad se debe procurar el invicto, pero sin abandonar la excepción del escrutinio o averaje.

En todo caso: toda pena o escarnio que pueda sufrir algún individuo por motivo de haber sido expuesto de manera alevosa a la matriz pública: se le debe contabilizar como pena judicial cumplida, lo cual podría representar el total de la pena que aplique para el caso, o solo parte de esta, de no ser así: el acusado estaría en su pleno derecho de procurar resguardarse con la contundencia que amerite el caso, de sufrir injustamente una penalidad caprichosa, lo que obliga a establecer o perfeccionar las legislación que rige estos casos, tanto en la prevención, como en la corrección y optimización.

Por motivos de secuencia judicial y estudios, si se recomienda el manejo discreto de un prontuario de casos judiciales, ya que estos permitirían mantener alertados a los factores judiciales y a la población, sobre individuos y organizaciones de cuidado, que podrían representar una secuencia peligrosa.

La penalidad a la que está expuesto el grueso de los ciudadanos, generalmente es de lo peor, pues como norma de pena casi solo existe la privación de libertad, y no solo eso: sino que para colmo de males, el sistema carcelario en la mayoría de los casos es de lo peor, donde abundan las vejaciones y la violencia a veces mortales; como mecanismos atenuantes de esto, existen la libertad condicional, arresto domiciliario, entre otros. Pero igual debería de existir un sistema carcelario donde los reos puedan disponer de mayor holgura operativa, donde incluso la austeridad no necesariamente tenga que ser extrema.

Lo ideal es que el individuo pueda mantener cierto estatus parecido al que comúnmente vivía antes de ser acusado y o condenado, lo cual requiere de la erradicación de la aberrante idea que todo condenado pierde totalmente sus derechos civiles, quedando expuesto a las peores condiciones generalmente similares a la de los ciudadanos de la peor escala delictiva, preferiblemente el sistema de penalizaciones no debe incluir exclusivamente la cárcel, al menos para delitos medios, pues para delitos menores a veces se destila una condena a servicio comunitario, lo cual es una solución aceptable.

DESPOJOS SUCESORALES Y DIVORCIO

En cuanto a los despojos por motivos de sucesiones, divorcio o separación de pareja, se permite la expropiación del patrimonio de algunos individuos valiéndose de factores relativos y en desmedro de factores absolutos, tal es el caso donde un ex conyugue puede despojar a sus ex pareja de alguna parte del patrimonio de este por el simple hecho de haber convivido, o simplemente haber firmado un papel de casamiento, sin importar lo mucho, poco o nada que el demandante haya aportado a la sociedad conyugal, y en un ambiente donde generalmente se discrimina la hombre en función de favorecer a la mujer, obviándose casi todos los criterios donde las mismas mujeres exigen igualdad de género.

En este caso: lo más lógico sería establecer el factor consanguíneo como factor absoluto de traspaso sucesoral de bienes, pues el factor consanguíneo es efectivamente absoluto, dado que siempre existirá la correlación consanguínea de los individuos unidos por tal lazo, en cambio: las relaciones de pareja por motivo de hecho, en muchos casos termina rompiéndose, esto hace que se debe establecer como regla el matrimonio bajo régimen de separación de bienes, y el de bienes mancomunados como excepción.

Pero que aun así: tal mancomunidad deber ser relativa: siempre y cuando no existan verdaderos aportes patrimoniales donde se fijen los montos que aporte cada conyugue al patrimonio mancomunado, lo que de alguna forma haría que se configure una sociedad mercantil distinta de la sentimental o conyugal.

Las sociedades conyugales son tan relativas, que a veces algunas parejas que se juraban amor eterno y que la relación les dudaría para siempre, terminan en los tribunales prácticamente cayéndose a puñaladas en disputa del hasta el último centavo que aparentemente les corresponde por motivo de la relación.

En ocasiones algunos individuos, principalmente mujeres se ven obligadas a inhibirse de procurar algún ingreso por motivos de preferir quedarse en casa al cuidado de los hijos y del hogar, esto se hace a motus propio y o por exigencia del marido, y en tales casos se hace necesario una indemnización o pago por parte del conyugue que forjaba dinero, pues los cuidados de hijos y hogar es una responsabilidad compartida, y sobre todo porque la contraparte conyugal quedaba imposibilitado de obtener ingreso acorde a su capacidad productiva, pero en caso que de alguna forma lo obtuviera, aun así es merecedor de de una compensación por haber sobrellevado de forma total o parcial una carga que debería ser compartida.

DESPOJOS POR APUESTAS

El despojo mediante la figura de las apuestas, representa uno de las aberraciones más generalizadas que permiten que muchísimos individuos se mantengan hundidos en la miseria, sobre todo porque en muchos de estos casos, tales individuos caen bajo los efectos de la patológica conocida como ludopatía, la cual tiene como efecto que al individuo se le hace imposible o casi imposible desprenderse de la adicción hacia las apuestas, y que por motivos obvios de la dinámica de las apuestas, terminan viéndose disminuidos económicamente, como consecuencia de las constantes perdidas que estas les ocasionan.

La dinámica de las apuestas exigen que sean mayores los factores que pierdan sobre los que ganan, pues de lo contrario sería imposible darles continuidad operativa por parte de los regentes de ellas, incluso en ocasiones la dinámica del las apuestas hacen que estos mismos también caigan en ruina o desmejora económica.

En ocasiones se realizan campañas publicitarias en procura de disuadir al individuo sobre su inclinación a la ludopatía, también se procura, generalmente desde el sector gubernamental, generar mecanismos impositivos y regulatorios tendentes a la disminución de la adicción hacia este flagelo, e incluso se dictan medidas de prohibición generalizada, pero en la mayoría de los casos, tras tales medidas: termina generándose una proliferación de prácticas clandestinas, que desembocan en la creación de poderoso clanes mafiosos de tráfico ilegal de apuestas, muy parecidos a los que se generan mediante la prohibición de otros factores que generan adicción tales como el licor y algunas drogas.

Como solución ideal en procura de erradicar la aberración de la ruina generada por las apuestas, se hace necesario medidas de tipo legal, que regulen un límite máximo del dinero que los ciudadanos pueden arriesgar en apuestas: dependiendo del ingreso o salario mensual que estos obtengan, indistintamente del patrimonio acumulado de estos, el cual no podrá ser arriesgado en lo más mínimo.

Esto permitirá resguardar al individuo de una buena parte de sus ingresos, digamos de alrededor de un 90%, solo por decir una cifra muy lógica, y al mismo tiempo tendría abierta la posibilidad de distraer algún dinero en apuestas, pero no ya de manera ruinosa como hasta ahora, y porque al fin y al cabo las apuestas en sí, no es que sean totalmente degenerativas; como se pude ver: si se practican de modo racional, pero no a expensas de la irracionalidad de la adicción ludópata, incluso este tipo de regulaciones puede aplicar al consumo otros factores degenerativos, preferiblemente en conjunto.

DESPOJO MEDIANTE EXPROPIACIONES O ADQUISICIÓN FORZOSAS

Los despojos por motivo de interés público, representan una de las prácticas políticas más aberrantes cuando los gobiernos son regentados por factores de izquierda radical, en estos casos las legislaciones son igualmente aberrantes o representan solo una fachada limpia con lo que procuran una imagen de relativa aceptación, esto les sirve para afincarse en sus propósitos si sus objetivos están acorde con su desmanes, pero en caso contrario, se desentiende de la fachada limpia y dan rienda suelta a los más aberrantes argumentos judiciales o se desentienden del orden escrito y optan por hacer lo que se les antoje, bajo el argumento que nunca serían desplazados del poder o que en caso contrario sabrían evadir o afrontar las responsabilidades.

Dentro de lo más grave de esto, es que en ocasiones procuran robarse incluso casi todo tipo de patrimonio privado y que solo una vez que verifican lo aberrante que ello resulta para la estabilidad política y económica, optan por replantear las iniciativas de patrimonio privado, tal como ha ocurrido en los caso de la República Popular China, Europa Oriental y de Cuba, entre otros, pero no sin antes haber dejado una estela de destrucción y muerte, no solo en sus países, sino también en los que mantuvieron alianzas ideológicas, los que los adversaron y los que procuraron hacer caer en sus garras.

23

LA LIBERTAD

Muchas de las aberraciones que se producen en el sistema, se hacen en nombre de la libertad, y efectivamente la libertad debería ser el norte y norma de operatividad, aun así: el ejercicio mismo de lo que se conoce hasta ahora como libertad, a veces posee parámetros aberrantes, y esto se debe entre otras cosas: a que se ha estado manejando un contexto erróneo de la libertad, pues queriéndose regular los parámetros de operatividad mínima o restrictivos se dejan abiertos los de desborde, y queriendo regular el desborde se generan restricciones.

A tal efecto diremos que el contexto exacto o verdadero de libertad puede definirse o está definido como: *la posibilidad de operar discretamente dentro del radio de acción vital*, esto se deriva del hecho que efectivamente la existencia del individuo está condicionada a dos parámetros vitales que representan un mínimo y un máximo de operatividad sin sufrir traumas o muerte.

Del mismo modo, este contexto no aplica solo para la libertad, sino que aplica también como contexto de orden, bien, paz, amor, felicidad, etc., y más extensiblemente como *teorema o principio general de operatividad existencial*, puesto que: para que se mantenga vigente el factor vital, se hace necesario operar discretamente dentro de los dos parámetros vitales de cada factor tipo y que las magnitudes máxima y mínimas, generalmente pueden ser comprobadas y o establecidas matemáticamente.

Como parámetros mínimos podemos citar los casos cuando por ejemplo: si no se ingiere así sea un mínimo suficiente de alimentos, no se procura mantener así sea un mínimo suficiente de algunas funciones vitales, como las del corazón, estomago, pulmones, presión arterial etc., se hace muy probable que ocurra algún trauma o la muerte, igual ocurre cuando no se procura algún movimiento como por ejemplo para procurar alimentos, o por simple necesidad de desplazamiento, cuando la información y comunicación no existe o está restringida, y restricciones de casi todo acto de operatividad existencial.

Como parámetros máximos podemos citar los casos cuando por ejemplo: si se ingieren alimentos en exceso, podrían generarse traumas típicos de la obesidad, que a su vez afectan las funciones orgánicas vitales, o igual cuando por otros motivos se produce un desbordamiento de los parámetros vitales de funcionalidad de algunos órganos y sistemas como el estomago, el corazón, los pulmones, presión arterial, hígado, riñones etc., cuando por motivos de exceso de velocidad, puede ocurrir un impacto que supere la capacidad de soporte del organismo, cuando la información está desbordada y genera parámetros de perdición social, frenesí de beneficio fortuito como en algunos casos de motín urbano, etc.

Todo esto indica que se hace necesario por parte de los individuos, mantener un estricto control y resguardo de sus parámetros vitales, y a la vez procurar resguardarse de eventuales intervenciones externas o propias que por motivo de alguna indiscreción pueda afectar tal equilibrio, lo que hace que el resguardo de la operatividad propia obliga también a un resguardo sobre la operatividad ajena.

Del mismo modo le resulta de vital utilidad, mantener la más estrecha correlación con el conocimiento y manejo de las leyes naturales, pues del dominio de ellas depende en manera extrema la supervivencia, procurando que las leyes gubernamentales también estén lo más estrechamente apegadas a tal rigor, y porque las leyes naturales de forma absoluta y algunas gubernamentales de forma relativa, contemplan incluso la pena capital en caso de operar de manera indiscretas contra algunos de sus parámetros, como los casos cuando se opera erróneamente contra la electricidad, temperatura, presión, velocidad, etc. y a veces se generan traumas o la muerte.

EL PODER, LA LEY Y LA TRAMPA

Con relación a algunos desacuerdos e ironías de tipo legal que se observan en el sistema, generalmente muchos manejan la tesis o refrán que reza: *"quien hace la ley, hace la trampa"*, esto deriva del hecho de observar que generalmente los factores o sectores que establecen las leyes y reglamentos, pocas veces resultan condenados por ellas, a la vez que a menudo les resulta muy favorables tanto para conseguir beneficios propios, como para establecer parámetros discriminatorios o condenatorios a los factores que no resulten representativos de la cúpula o sector inherente a ellos.

Buena parte de la problemática se deriva de la casi imposibilidad de establecer parámetros legales perfectos por motivos de los complejo que resulta el sistema, donde en caso que exista buena fe por parte de los hacedores de leyes, estas conllevarían alta solvencia para todos, pero en caso que exista mala fe por parte de los hacedores de las leyes, están resultarían muy favorables para estos y muy traumáticas para los factores no pertenecientes al sector que les resulta afín, aunque a veces los factores del estatus legal también resultan sufriendo severos traumas por motivo del mal proceder.

Puesto que el establecimiento de las leyes es producto de las buenas o malas intensiones de quienes detenten el poder y de la solvencia operativa de estos, hace que sea necesario enfocar lo legal, desde el poder, el cual es la raíz que las genera: más que desde la solvencia operativa de estas, tendiéndose en cuenta que: a mayor solvencia operativa de los hacedores, mayor solvencia operativa tendrán las leyes, quedando solo por definir cuales serian los criterios que deben prevalecer en la configuración de los factores de poder.

Quienes regenten la configuración de poder, deben ser factores que establezcan leyes que efectivamente sean leyes, y que estas deben de estar ajustada al rigor absoluto, tal como ocurre con las leyes de la naturaleza, las cuales aplican por igual de manera universal e inexorable, y para lograr este objetivo: no serían necesarios mayores argumentos para establecer que: sería la inteligencia el factor absoluto que a su vez posee la supremacía sobre cualquier otro factor, para garantizar los mayores criterios de exactitud legal, sobre todo ajustadas a rigor científico.

Una vez establecido la inteligencia como factor regente del orden establecido, quedaría solo por verificar cuales serían los individuos de mayor inteligencia, sobre todo en relación a los métodos de selección y evaluación de de los distintos índices de inteligencia y de la solvencia operativa desarrollada con relación a la regencia legal, ya que no todos los métodos para medir coeficientes de inteligencia son útiles para tal propósito, ni todo individuo de alta inteligencia posee motivación o dominio del campo legal.

En este caso: podría comenzarse por la selección de los individuos con los mayores meritos académicos y profesionales, sobre todo en especialidades técnicas por ser las que requieren un mayor manejo y dominio de leyes ajustadas a rigor científico y de los mecanismos empleados para tal verificación, pero tomando en consideración que los graduados, no necesariamente son los más inteligentes, ni todo graduado posee niveles de supremacía en inteligencia.

Aun así: una vez configurado el orden regente en base a las mayores inteligencias disponibles, no habría garantía absoluta que desaparecerá el criterio de que: *"quien hace la ley, hace la trampa"*, pero si habría garantía de que se estaría actuando de buena fe, o sea: se estarían haciendo las cosas de la mejor manera posible, sobre todo, que por definición misma de la inteligencia, esta procura el mayor y mejor numero de aciertos y un mínimo y menor número de errores, en ambos casos en calidad y cantidad.

En realidad la máxima de "quien hace la lay: hace la trampa", siempre ha estado subordinada a la de: *"quien tiene el poder: tiene la ley"*, y a partir de allí, los individuos insensatos que tienen el poder, configuran leyes insensatas y sensatas los sensatos, solo que con la regencia de los más inteligentes, se conseguirá la mayor solvencia posible, tal como de alguna u otra forma ha estado ocurriendo en los casos donde la regencia ha estado influenciada por los individuos de mayor inteligencia.

Los casos más aberrantes ocurren cuando el poder y por consiguiente la lay, se encuentran regentadas y sustentadas, por individuos de la más baja precariedad intelectual, donde para colmo de males, procuran establecer lo que llaman: *poder para el pueblo o sector popular*, esto hace que se genere una confabulación discriminatoria contra los sectores de mayor solvencia, pero que también resulta aberrante que estos mismos se presten para sufrir esos traumas baja la premisa de decisión de las mayorías, que podrían ser por vía electoral o motivo de facto como algunas guerras civiles, golpes de estado, insurrecciones armadas generalmente llamadas revoluciones, etc.

En eso de pretender otorgar poder al pueblo existe una especia de *"enroque ladrón"*, pues se confunde de forma inescrupulosa el contexto de *"pueblo"* que generalmente se otorga a la ciudadanía en general, con el contexto de *"pueblo"* que generalmente se otorga al sector popular, de esta manera el poder que debería recaer en manos de todos los ciudadanos o pueblo en general, y sobre todo la conducción en este sector, disimulada y maliciosamente se procura una exclusividad de derecho solo al pueblo rezagado o sector popular.

Pretender hacer recaer el poder principal e incluso absoluto sobre el sector popular o demás sectores rezagados, como algunos grupos indígenas, representa una aberración anacrónica entre otros, pues: para ello los dirigentes que promueven tal circunstancia, se basan en analogías extemporáneas, pretendiendo hacer ver que en principio los moradores y fundadores de los distintos grupos geopolíticos, vivían en situaciones de civilización precaria con relación a la vida civilizada de la actualidad y que por tanto: los ciudadanos de mayor civilización no son representativos de los parámetros originarios de fundación.

Insistir en el otorgamiento del poder principal o exclusivo para los sectores que mantienen parámetros autóctonos y o escaso desarrollo socioeconómico, obviamente representa un esquema donde estaría prohibido civilizarse o desarrollarse, pues ello significaría perder todo derecho de participación y supremacía nacional.

Esta perspectiva luce tan paradójicamente convincente, que muchos de los ciudadanos de civilidad moderna terminan por darle crédito de verdad, pero lo cierto del caso es que los actuales ciudadanos que aun viven en situaciones autóctonas y de escaso desarrollo o civilización, simplemente se han quedado rezagados respecto a la evolución que han tenido otros de sus mismas etnias u otras, y que por tanto: no es que estos últimos han perdido sus derechos de propiedad geopolítica, sino todo lo contrario:

pues han acumulado mayores derechos y propietariedad geopolítica que los no civilizados o rezagados, a la par que pueden generar los mayores parámetros de desarrollo para todos.

Dentro de lo peor de esto, es que basados en una supuesta exclusión, expolio, despojo, etc., ocurrido a los rezagados, estos y su dirigencia cómplice, arremeten de manera revanchista y vengativa contra los civilizados y progresistas, cuando lo cierto del caso: es que quienes hoy son civilizados y han conseguido progresar, representan una secuencia de los otrora incivilizados y rezagados que se negaron a progresar, sufrieron algún tipo de calamidad natural, guerras, hecho fortuito, falta de heroísmo y o sub capacidad intelectual para el estudio, etc., pero que consiguieron superar los obstáculos presentados, y acceder al mundo moderno con sus diferentes niveles de desarrollo.

A la par de esto: algunos individuos descendientes de los otrora factores indígenas, han conservado la conducta salvaje de sus antepasados, y esto es algo ampliamente explotado por el cinismo político, lanzando a estos individuos contra sus enemigos ideológicos.

Aparte del supuesto despojo que argumentan sectores rezagados, también esgrimen que ha habido exclusión política por motivo de las grandes desigualdades socioeconómicas que generalmente se observan en los países, pero igualmente, lo cierto del caso es que el grueso de los presupuestos nacionales siempre ha estado dirigido a paliar las necesidades de los sectores rezagados, y esto puede comprobarse fácilmente observando la orientación de los presupuestos nacionales, donde se puede verificar que el grueso de este va dirigido al gasto social.

En cambio los sectores de solvencia socioeconómica, generalmente ellos mismos se financian sus gastos de necesidades básicas en educación, salud, vivienda, trabajo, servicios públicos, diversiones, alimentación, y aparte de esto: ellos representan el sector que paga impuestos con los que se financian en gran medida los gastos sociales de los sectores rezagados, lo que hace que la supuesta *distribución desigual e injusta de las riquezas*, no solo es algo falso, sino que por el contrario: ocurre es un significativa ayuda por parte de los aventajados económicamente hacia los rezagados y en un ambiente donde el escrutinio de cosas buenas y malas que comete cada sector, favorece positivamente de manera amp ia a los de mayor solvencia económica e intelectual.

El hecho que exista una aberración de este tipo, tan generalizada, aplica como aberración solo en sentido contextual, pues no se puede hablar de ignorancia por no ser un conocimiento genérico, lo inaudito es que los más intel gentes acepten ser regentados por los menos inteligentes, en cambio si se pude hablar que existe desconocimiento, y precisamente esto es lo que queda obligado implementar, la generalización del conocimiento sobre lo aberrante de aceptar que por el simple hecho mayoritarios, que los más inteligentes acepten ser gobernados pos los menos inteligentes, y que los mismos menos inteligentes cometan este deliberado acto de presunción.

La regencia de la inteligencia evitará, no solo la regencia por parte de individuos parveros, sino también los individuos que queriendo actuar de buena manera, no poseen el nivel de inteligencia que si tienen otros, lo cual los conv erte en presuntuosos, en caso de que no entiendan lo inconveniente que ello representa, pero que en todo caso: no se trata de asegurar participación solo a los más inteligentes, sino de mantener el mayor orden posible a nivel regente, pues todo individuo tendría abierta participación, pero en el nivel que le corresponda.

Dentro de los factores relativos de participación que algunos individuos o sector de menor inteligencia que otros, procuran promover para de alguna u otra forma intentar quedar de regentes sobre los más inteligentes: se encuentran algunos criterios de máxima importancia como el nacionalismo, la pobreza, la corrupción, la necesidad real o aparente de cambios sustanciales, la educación, la eventual igualdad real o supuesta, la salud, la necesidad real o aparente de una guerra, el desempleo, la inflación, etc. , por lo que en estos casos, por ningún motivo no se debe ceder o dar paso a ninguno de estos factores relativos o cualquier otro sobre la inteligencia.

Tampoco se deber dar prioridad a factores relativos personales como la popularidad, el carisma, la belleza física, la fuerza física, alto grado académico, raza, religión, estatus social, estatus económico, etc., o cualquier otro factor relativo personal, salvo en el caso que tales individuos apliquen como factores de máxima inteligencia, pero que aun así: deben promoverse como dotados de un nivel de inteligencia líder, más que como destacadas figuras en el factor relativo que le asiste.

La vigencia del orden establecido en base a la regencia de la inteligencia, no debe quedar supedita a la voluntad de factores relativos como un referendo donde se aprobaría o no su establecimiento, tampoco a una situación de guerra, ni a la negación de algunos factores que opongan a ello, sino que esta debe ser establecida mediante acuerdo directo de los ciudadanos más inteligentes y aprobaciones relativa de los menos inteligentes, e incluso en caso de algún conflicto armando donde pudieran tener la regencia factores menos inteligentes, no aplicaría rendición absoluta por parte del factor inteligencia, sino que esta debe procurar en todo momento la regencia gubernamental. Este principio aplica tanto para todos los factores pro inteligentistas, tanto los más como los menos.

EL VERDADERO CONTEXTO DE POLÍTICA

El elemento político permite al individuo manejarse de manera institucional con relación al elemento material, o sea: con el factor tangible de la existencia, pero resulta que el elemento material no es el único del sistema, sino que existe también elemento espiritual, el cual es manejado de forma institucional a través del elemento religioso, de esto tenemos que el elemento material por ser tangible, no amerita mayores argumentos o criterios para demostrar su existencia, en cambio: no ocurre así con el elemento espiritual, el cual generalmente está supeditado al principio de la fe, para que algunos puedan dar testimonio de su existencia.

Resulta igualmente: que tanto el elemento material como el espiritual son absolutamente inherentes o complementarios, pero en forma relativa no necesariamente son complementarios, pues no todo individuo admite la existencia de la fe, o al menos no admiten la exigencia de Dios, y es Él quien otorga el don de la fe, o sea: que solo El permite quienes pueden acceder al conocimiento de sus existencia.

Pero el que alguien reniegue de la existencia del elemento espiritual y o de la existencia de Dios, no anula o implica que ambos factores no existan, lo que hace que se genere un dilema existencial entre los creyentes y no creyentes en lo espiritual y Dios, o ciertos tipos de deidad, El dilema existencial no se limita solo a la correlación entre creyentes y no creyentes, sino a los creyentes simultáneos de varias deidades, llamados estos factores politeístas, a los creyentes monoteístas, pero no siempre es al mismo Dios o deidad, a los creyentes en un mismo Dios, pero congregados en distintas congregaciones o sectas, a creyentes no congregados, y a los no creyentes o ateos.

Del mismo modo se presentan dilemas existenciales en el elemento material, como los existentes entre los promotores y seguidores de las distintas ideologías políticas, entre los seguidores de las distintas organizaciones que las agrupan, algunos dilemas o vicisitudes que se presentan para procurar satisfacer la existencialidad misma primaria, como el comer y demás necesidades básicas, y la más variada gama de gustos o preferencias, y situaciones forzosas o contra el deseo o voluntad del individuo.

Puede decirse que uno de los peores errores que se ha venido sucediendo en el elemento político se debe a las inexactitudes de su definición, pues a partir de allí se han generado buena parte de los traumas que se observan en el sistema, esto se debe a que la inexactitud o no existencia de un contexto único y verdadero, hace que casi cualquier cosa que algunos llamen política, generalmente sea aceptado como tal, pero en realidad la política posee un contexto único, al menos en la raíz que lo origina, y este no es otro que: *el complemento del elemento religioso*.

Esto obliga a que al hacer política, inexorablemente debe ser tomada en consideración la correlación que esta deba tener con el elemento religioso, pues aun queriendo esquivar tal condición, la correlatividad se presenta de manera ineludible, y que del mismo modo, lo más lógico consiste en hacer la política lo más estrictamente ajustada al contexto religioso, obviamente al contexto de la doctrina cristiana, y dentro de este contexto, ajustada a la religión que brinde la mayor correlación existencial con el elemento político, lo cual se logra solo ajustado del mismo modo al elemento político según la rigurosidad legal del sistema, o sea: basado en el rigor poseen las leyes naturales del sistema.

La mayor garantía de depuración acerca del manejo y conocimiento de las layes del sistema, la poseen los individuos más inteligentes, pues aparte de tal capacidad, y vocación perfeccionista, se esmeran mediante una rivalidad de correlación armónica, en develar los secretos del sistema con la mayor depuración y verdad posible, en cambio: muchos individuos de menor inteligencia, se esmeran es en ocultar y confundir con propósitos inescrupulosos, el conocimiento exacto de la leyes naturales, principalmente por casusa de celos hacia los más inteligentes, solo que por motivos discrecionales: a veces los más inteligentes no consiguen detectar o poner en evidencia en principio, las artimañas de los perversos.

El manejo de la correlación complementaria entre el elemento político y el religioso, pocas veces o ninguna se manejan como tal, sino que generalmente se hace de manera aislada el uno de otro, o bajo el dominio de uno sobre el otro, lo cual hace que ambos elementos pierdan esencia operativa, y esto se debe no solo al desconocimiento sobre la correlación complementaria que debe existir, sino también al desconocimiento mismo por parte de algunos sectores de los principios ideológicos políticos que practican, de los lineamientos de la religión que profesan, de la tenencia de fe verdadera o falta de esta, y de la creencia o no en el Dios único y verdadero.

EL ELEMENTO RELIGIOSO

El elemento religioso y el político son complementarios, pero cada uno posee esencia propia, de estos: el elemento político representa la institucionalidad del elemento material, que por ser tangible y de existencialidad simple, no amerita mayores parámetros de comprobación, en cambio el elemento religioso, el cual representa la institucionalidad del elemento espiritual, por ser intangible y de existencialidad discreta en el contexto global para los creyentes, e inexistente para otros, está supeditado a criterios regidos por una deidad suprema según el caso de algunos creyentes, o por varias deidades según el caso de otros.

En este caso nos referiremos solo al Dios de la religión cristiana e iglesia católica, que por ser del convencimiento pleno del autor: es la que representa el criterio verdadero, paralelo a esto: igualmente se hace referencia de homogeneidad con la figura del Dios único y verdadero, igualmente por ser del convencimiento pleno del autor, tal figura equivale al Dios de la religión cristiana.

A tal efecto diremos que quiso Dios mantener su existencia con respecto a los hombres, de una manera furtiva, discreta u oculta, donde solo a quienes Dios mismo desee dar muestras o evidencia de su existentica: la tendrá; el mostrar pleno convencimiento de la existencia de Dios sin mayores evidencia representa el dogma y o contexto de fe, pero las circunstancias no queda supeditadas solo a estar convencidos de su existencia, sino que una vez adquirido tal convencimiento o evidencia, la circunstancias quedan supeditada a criterios de fidelidad hacia Él.

Esta terna de credo, existencia, y fidelidad, o doctrina de fe, condicionó la existencia del individuo de una manera absoluta, principalmente a partir del momento en que el primer hombre cometió un pecado o falla de fidelidad hacia

Dios, según parámetros o estatutos el cual le había dictado, esto trajo como consecuencia que el hombre quedo alejado de la gracia de Dios y expuesto a situaciones de traumas y la muerte, pues parte de la pena al cual fue sentenciado, incluía sufrir los rigores de las ciencias del bien y el mal, e irrevocablemente la muerte.

Referencias acerca de estos hechos pueden leerse en el libro de:

Génesis 2: 15, 17

2:15 Tomó, pues, Jehová Dios al hombre, y lo puso en el huerto de Edén, para que lo labrara y lo guardase.

2:16 Y mandó Jehová Dios al hombre, diciendo: De todo árbol del huerto podrás comer;

2:17 mas del árbol de la ciencia del bien y del mal no comerás; porque el día que de él comieres, ciertamente morirás.

Dios dicta dos preceptos a Adán el primer hombre: uno: autorizándolo a comer de todos los frutos de los arboles del paraíso si fuese su deseo y otro: prohibiéndole comer del fruto del árbol de la ciencia del bien y el mal, ya que infaliblemente morirá si eso ocurriere algún día.

Génesis 3, 1-7

3:1 Pero la serpiente era astuta, más que todos los animales del campo que Jehová Dios había hecho; la cual dijo a la mujer: ¿Conque Dios os ha dicho: No comáis de todo árbol del huerto?

3:2 Y la mujer respondió a la serpiente: Del fruto de los árboles del huerto podemos comer;

3:3 pero del fruto del árbol que está en medio del huerto dijo Dios: No comeréis de él, ni le tocaréis, para que no muráis.

3:4 Entonces la serpiente dijo a la mujer: No moriréis;

3:5 sino que sabe Dios que el día que comáis de él, serán abiertos vuestros ojos, y seréis como Dios, sabiendo el bien y el mal.

3:6 Y vio la mujer que el árbol era bueno para comer, y que era agradable a los ojos, y árbol codiciable para alcanzar la sabiduría; y tomó de su fruto, y comió; y dio también a su marido, el cual comió así como ella.

3:7 Entonces fueron abiertos los ojos de ambos, y conocieron que estaban desnudos; entonces cosieron hojas de higuera, y se hicieron delantales.

Génesis 3, 22-24

3:22 Y dijo Jehová Dios: He aquí el hombre es como uno de nosotros, sabiendo el bien y el mal; ahora, pues, que no alargue su mano, y tome también del árbol de la vida, y coma, y viva para siempre.

3:23 Y lo sacó Jehová del huerto del Edén, para que labrase la tierra de que fue tomado.

3:24 Echó, pues, fuera al hombre, y puso al oriente del huerto de Edén querubines, y una espada encendida que se revolvía por todos lados, para guardar el camino del árbol de la vida

Generalmente se tiene entendido que los problemas del hombre comenzaron al momento que Adán comió del fruto del árbol de las ciencias del bien y del mal, o fruto prohibido, pero analizando en profundidad y haciendo comparaciones con hechos posteriores, los problemas realmente habrían comenzado desde el momento en que Adán no procuró algún resguardo respecto a parámetros de fidelidad que Dios le estableció, de modo que no le hubiese sido posible pecar contra El.

Esto pudo haberlo conseguido Adán, pidiéndole a Dios que no lo dejara caer en la eventual tentación de tocar o probar del fruto prohibido, este hecho hubiese sido suficiente para que Adán quedase librado de pecar, pues Dios mismo seria garante que tal hecho no existiría, ya que no sería la eventual debilidad de Adán la que estaría expuesta, sino el poder de Dios todopoderoso en impedirlo, por lo que el haber comido del fruto prohibido representa es la consumación de una circunstancia que ya andaba torcida.

Igualmente en análisis profundo, si lo referente al fruto prohibido no tuviese condición absoluta, tal vez Dios hubiese permitido a Adán probar del fruto sin que se contara como pecado, si este hubiese solicitado un resguardo, pero si el fruto tuviese condición absoluta no se le hubiese permitido, tal como efectivamente si tiene condición absoluta el fruto del árbol de la vida, el cual contiene la condición de otorgar vida eterna a quien pruebe de él y ello no puede ser revertido luego.

La condena a muerte sobre el hombre es absoluta, o sea: no pude ser revertida, pero si es relativa la condición de permanecer en la muerte, o sea que por ser relativa la muerte, entonces se podría regresar luego a la vida o resucitar en caso que las circunstancias lo permitan, y efectivamente tanto amó de Dios al Hombre, que envió a su hijo unigénito, o sea: a nuestro señor Jesucristo, como sacrificio propiciatorio por los pecados de hombre, muriendo crucificado, de modos que estos sean borrados por tal hecho, y tal circunstancia se consigue creyendo que efectivamente nuestro señor Jesucristo murió crucificado para lavar nuestros pecados.

Para estos efectos, la misión del Cristo no consistió solo en redimir los pecados muriendo crucificado, sino también resucitar de entre los muertos, el cual consiguió al tercer día de haber sido muerto y enterrado, y con esto: todo el que crea que efectivamente nuestro señor Jesucristo resucitó al tercer día, conseguirá la vida eterna, en esto es bueno hacer énfasis en que para el hombre, el perdón de los pecados y la resurrección no es automática con la muerte y resurrección de el Cristo, sino que se debe creer que efectivamente fue así para que tenga efecto valedero.

Nuestro señor Jesucristo no solo otorgó al hombre la posibilidad de ser librado del pecado de muerte ni de resucitar una vez se haya muerto, sino que también nos ofreció la posibilidad de evitar el pecado, entre otros, mediante la maravillosa oración del padre nuestro, del cual hay referencia en el libro de:

Mateo 6 9-13

Esta oración comienza con una especie de protocolo de presentación y veneración o reverencia:

"9. Vosotros, pues, oraréis así: Padre nuestro que estás en los cielos, santificado sea tu nombre;"

Luego una exhortación a instaurar el reino de Dios en la tierra, y al reconocimiento a que prevalezca su voluntad en la tierra como en el cielo.

"10. Venga tu reino. Hágase tu voluntad, como en el cielo, así también en la tierra."

Seguidamente una súplica a que Dios nos provea del indispensable pan o alimento diario

"11. El pan nuestro de cada día, dánoslo hoy;"

Debido que inexorablemente somos pecadores, entre otros: de pensamiento, palabra, obra y omisión, imploramos perdón por las fallas cometidas, de la misma manera que perdonamos a quienes nos ofenden

"12. Y perdónanos nuestras deudas, como también nosotros perdonamos a nuestros deudores."

Viene luego una exhortación a Dios a que no nos deje caer en las tentaciones, y con esto aprovechamos para referirnos a la eventualidad que hubiese salvado a Adán del pecado, si hubiese tenido disponible una figura de resguardo, como esta parte de la oración del padre nuestro que nos brinda nuestro señor Jesucristo, o sea: Adán se confió en su fuerza de voluntad para evadir al pecado, lo cual no fue suficiente tal como ocurrió tras haberlo consumado, envés de haber dejado las circunstancias en mano de la voluntad de Dios.

Pero como lo de Adán ya es algo consumado y que nos afecta a todos, si sería contraproducente que contando nosotros con esta valiosa figura de salvación, no procuremos en extremo, hacernos de los beneficios de ella, sobre todo sabiendo las terribles consecuencias que puede traer la infidelidad y falta de amor total hacia Dios.

Igualmente se hace un ruego a que Dios nos libre de todo mal, pues por muy efectivas que puedan ser los mecanismos de defensa con los que podamos contar, obviamente nada supera la protección que pueda brindarnos Dios todopoderoso.

Y finalmente se hace un reconocimiento a la suprema majestad de Dios que perdura por todos los siglos, a todo esto se le añade la partícula amén como sinónimo de gran empeño sobre los que se dice.

"13. Y no nos metas en tentación, mas líbranos del mal; porque tuyo es el reino, y el poder, y la gloria, por todos los siglos. Amén."

Visto esto podemos vislumbrar parte del orden establecido para la humanidad, el cual aplica de manera absoluta, y a todo individuo de todos los credos y religiones o que renieguen de la existencia de Dios, el cual comenzó con el primer precepto o mandamiento instaurado para el hombre, exclusivamente a Adán el primer hombre, donde Dios le prohibía comer del fruto del árbol prohibido, luego le estableció diez mandamiento para todos los hombres, donde igual le estableció una serie de recomendaciones y prohibiciones, pero que luego fueron derogados y finalmente estableció dos únicos preceptos, donde no existen prohibiciones, sino criterios de amor a Dios y al prójimo.

Estos eran los diez mandamientos:

Éxodo 20 3,17

20:3 No tendrás dioses ajenos delante de mí.

20:4 No te harás imagen, ni ninguna semejanza de lo que esté arriba en el cielo, ni abajo en la tierra, ni en las aguas debajo de la tierra.

20:5 No te inclinarás a ellas, ni las honrarás; porque yo soy Jehová tu Dios, fuerte, celoso, que visito la maldad de los padres sobre los hijos hasta la tercera y cuarta generación de los que me aborrecen,

20:6 y hago misericordia a millares, a los que me aman y guardan mis mandamientos.

20:7 No tomarás el nombre de Jehová tu Dios en vano; porque no dará por inocente Jehová al que tomare su nombre en vano.

20:8 Acuérdate del día de reposo para santificarlo.

20:9 Seis días trabajarás, y harás toda tu obra;

20:10 mas el séptimo día es reposo para Jehová tu Dios; no hagas en él obra alguna, tú, ni tu hijo, ni tu hija, ni tu siervo, ni tu criada, ni tu bestia, ni tu extranjero que está dentro de tus puertas.

20:11 Porque en seis días hizo Jehová los cielos y la tierra, el mar, y todas las cosas que en ellos hay, y reposó en el séptimo día; por tanto, Jehová bendijo el día de reposo y lo santificó.

20:12 Honra a tu padre y a tu madre, para que tus días se alarguen en la tierra que Jehová tu Dios te da.

20:13 No matarás.

20:14 No cometerás adulterio.

20:15 No hurtarás.

20:16 No hablarás contra tu prójimo falso testimonio.

20:17 No codiciarás la casa de tu prójimo, no codiciarás la mujer de tu prójimo, ni su siervo, ni su criada, ni su buey, ni su asno, ni cosa alguna de tu prójimo.

Estos son los dos mandamientos vigentes:

Marcos 12, 30-31

12:30 Y amarás al Señor tu Dios con todo tu corazón, y con toda tu alma, y con toda tu mente y con todas tus fuerzas. Este es el principal mandamiento.

12:31 Y el segundo es semejante: Amarás a tu prójimo como a ti mismo. No hay otro mandamiento mayor que éstos.

Como puede apreciarse, los mandamientos no aplican solo para operatividad espiritual o religiosa, sino que también aplican para operatividad material y política, y del mismo modo, estos dos mandamientos, contienen de manera sui géneris, no solo a los diez mudamientos, sino prácticamente

43

todo tipo de ordenamiento jurídico, pues cualquier acto del hombre u ordenamiento jurídico que no se corresponda con el amor a Dios y al prójimo, no estaría cumpliendo con ellos, incluso si se procura amar solo a Dios pero no al hombre o viceversa, igual no se estaría cumpliendo, pues para que aplique uno de ellos, es necesario que también aplique el otro.

Toda operatividad humana está condicionada a las circunstancias derivadas del hombre al haberse convertido en pecador mediante infidelidad hacia Dios, las cuales aplica no solo para Adán y Eva, sino para todo individuo por ser descendientes de ellos, y en esta operatividad está involucrado no solo el hombre, sino también fuerzas espirituales malignas que pecaron en el cielo contra Dios y fueron expulsados, encontrándose en la tierra procurando hacer perder el mayor número posible de almas.

Mientras más estrecha sea la correlación armónica con Dios, mayor resguardo se tendrá en favor de las cosas buenas y en contra de las cosas malas, en cambio, mientras más alejado se esté de Dios y sus preceptos, mayores serian los traumas y calamidades que se padezcan, en este aspecto no hay que olvidar que el status natural del hombre es el de condenado, y por tanto: obligado a pagar pena en un lugar de destierro fuera del paraíso donde vivía, y en dicho lugar de destierro abundan las calamidades.

El estatus de condenado representa una condición vergonzosa para el hombre y quienes lo admiten y procuran comportarse de una manera piadosa frente a Dios, se están haciendo merecedores de criterios de indulgencia con respecto a los rigores de un mundo complicado y vil, en cambio desentenderse del estatus de condenado, y procurar llevar una vida exquisita y alejada de las penas y sufrimientos, es como negarse a pagar la pena que rigurosamente se debe cumplir y una afrenta a Dios, por lo que este tipo de individuos les resulta de suma importancia, procurar parámetros de austeridad haciendo penitencia, y alejarse no solo de la lujuria, sino de la maldad.

Esta operatividad piadosa no va solo para quienes viven en abundancia, sino para todos los sectores, cuidando también de hacer votos de sacrifico a favor de los demás, y sobre todo rezar con devoción y convicción a Dios, tendiendo en consideración que el Dios único y verdadero es un Dios de amor.

La condena no pesa solamente sobre la condición de desterrado, sino la de finalmente la muerte, pero que igualmente se hace necesario pagar las deudas de pecado, cometidas en vida, en un lugar de tormento generalmente conocido como el infierno, donde del mismo modo según la operatividad en vida, habrían atenuantes según las cosas buenas y agravantes según las cosas malas, y como ya hemos mencionado, tanto la condena por pecador, como la unidireccionaliad de la muerte que existía, serán perdonadas unas y revertida la otra, creyendo que nuestro señor Jesucristo expió los pecados cometidos, mediante la muerte por crucifixión en un madero de tormentos, y que igualmente resucitó al tercer día de entre los muertos.

Dios diseñó los parámetros de la creación de una manera perfecta, tal como vivía el hombre en el paraíso, y por motivo del pecado, este fue desterrado hacia un mundo corruto, incluyendo la corrección propia del hombre, pero se mantienen bajo estricto rigor la perfección de las leyes que rigen la naturaleza, y que un manejo apegado lo más estrictamente a tal rigor, es mayor garantía de aprovechamiento favorable, mientras que un manejo desentendido del rigor de las leyes naturales, representa un circunstancia donde se incrementen las posibilidades de sufrir los rigores traumáticos de las leyes naturales.

Esta circunstancia obliga a que el establecimiento de las legislaciones políticas guarde la más estrecha correlación con el rigor de las leyes naturales, y no hacerlo o ir en contra, representa una situación suicida si se quiere, sobre todo motivado al hecho que la leyes naturales contemplan la pena capital incluso, si se operan de manera inadecuada contra ellas.

Ir contra las leyes naturales representa no solo un pecado material, sino también espiritual, ya que los pecados materiales no aplican solo para el elemento material, sino también para el espiritual, aunque no siempre con el mismo rigor, ya que pecado significa cometer cualquier tipo de falla, que pueden ser contra Dios y o contra los hombres.

Obviamente, quienes tienen un mejor y mayor dominio de las leyes naturales, son los individuos más inteligentes, principalmente los de ocupación científica, sobre todo para desentrañarlas cuando no se conocen y para mantener la exactitud operativa de ellas, pero para efectos de gobernabilidad, es recomendable que los individuos inteligentes científicos se dediquen a su oficio de ciencias, los inteligentes legalistas y jurídicos, a la configuración y administración político gubernamental de las leyes naturales, los inteligentes administrativos, al ejercicios de las funciones ejecutivas del gobierno, y los inteligentes generalistas al ejercicio de las diferentes gobernaciones principales, pues todas las especialidades convergen en figuras regentes concéntricas, tal como los caso de un presidente de nación, un gobernador de estado o un alcalde.

Igualmente es absolutamente recomendable que las gobernaciones principales o concéntricas, estén ocupadas por individuos de la más alta paridad intelectual con respecto a los uniespecialistas, donde estos mismos puedan dar fe de los diferentes niveles de dominio que posen los generalistas sobre las distintas especialidades, y tomando en consideración que el grueso del dominio sobre el conocimientos y preparación que tengan los generalistas, es por formación propia, ya que las universidades por ejemplo: solo instruyen y acreditan a un individuo en una o pocas especialidades.

Esta tesis relega a los individuos de menor inteligencia e intelectualidad, a un estatus relativos de participación donde puedan tener vos pero no voto, al menos no voto absoluto como generalmente ocurre hasta ahora y que ello representa uno de los principales males y aberraciones que quejan a la humanidad, pues en ocasiones ocurre todo los contrario, o sea: no son los más inteligentes quienes tiene el control de las decisiones, sino los de mayor ignorancia y menor inteligencia, e igualmente en ocasiones para colmo de males, los de mayor inteligencia son excluidos, oprimidos y perseguidos por los menos inteligentes y o a quienes ellos les otorgan autoridad o se la toman en función de ellos.

Le resulta prácticamente imposible a un individuo mantener una concepción total de la rigidez operativa de todo el sistema, pero si resulta vital mantener la más amplia concepción de su rigidez y funcionamiento, principalmente con el orden con el que se interactúa frecuentemente, de este modo es recomendable conocer la existencia y funcionamiento de las leyes de la física, química, biología humana y general, matemática, gramática, etc., y sobre todo la doctrina dictada por Dios acerca de la operatividad existencial en general.

Para esto es bueno tener presente que el libro que contiene la doctrina de Dios, o sea: la Santa Biblia, no posee un objetivo solamente religioso, como generalmente se le tiene, sino que igualmente contiene los preceptos de tipo político, solo que la administración institucional de tipo religioso corresponde a la Iglesia Católica, en cambio el manejo institucional del elemento político, no dispone de una única institución para su manejo como la iglesia, sino que el manejo institucional del elemento político, es operado por organizaciones políticas, mejor conocidas como partidos, y directa o indirectamente a través del gobierno y del estado.

En algunos casos, la doctrina política se encuentra casi totalmente desentendida del elemento religioso, en otras guardan alguna relación, y en otras: el elemento político se encuentra totalmente opacado y subyugado por el elemento religioso, y obviamente el mejor de los casos, es donde la doctrina política, aparte de relativamente autónoma del elemento religioso, también guarda la más estrecha correlación operativa con este.

Se hace estrictamente necesario que los clericós de las diferentes religiones se mantengan permanente apegados a lo que concierne al oficio religioso, procurando establecer diferencias claras con la operatividad que comúnmente aplica para el elemento político, e igual comportamiento y diferenciación deben mantener los operadores políticos, aunque en este caso, para efectos de operatividad religiosa, pueden valerse de medios representativos del elemento religioso, mientras se celebra el rito o conmemoración de algún acto religioso, pero resulta incompatible que rutinariamente, quien opere como clericó también lo haga como político y viceversa.

Se debe vigilar también que la operatividad religiosa sea por fe o convicción propia, y no por órdenes o directrices imperativas de terceros, pues en este caso: lo supuestos fieles y terceros pueden aducir que la religiosidad que practican es por opresión, pero no por convicción, aparte que ello representa un ataque al principio verdadero de libertad.

Igual autonomía operativa se debe practicar para operatividad política, solo que en el elemento político por ser este tangible y simplemente verificable, aplican otros parámetros, sobre todo de rigurosidad existencial y operativa, donde no siempre resulta sencillo deshacerse de paradigmas que restringen o distorsionan la libertad, y que incluso en ocasiones las restricciones a la libertad genérica va correlacionada con las restricciones a la libertad religiosa, tanto los parámetros que aplican singularmente para cada religión como los que restringen la operatividad religiosa misma.

Precisamente basado en el verdadero contexto de libertad, se pueden contraatacar los criterios erróneos de libertad, tanto religiosa como política, y dentro de estos, los criterios que aparentemente se esmeran en establecer que se otorga y procuran un máximo de libertad, como los que abiertamente contemplan limitaciones erróneas a la libertad, lo cual contempla todos sus parámetros, y que incluyen a los criterios erróneos de operatividad tipo, como a los factores supremos que deben regentar el orden establecido basado en la libertad.

Dios creó al hombre y le dio libre albedrio operativo, este contempla la posibilidad de mantener la más estrecha correlación con Dios, cuyos estatutos han estado representados en los mandamientos, y también contempla la posibilidad de desentenderse de la más estrecha correlación armónica con Dios y oponerse manera rotunda y aberrante a Él, solo que ambos casos tiene consecuencias, de las cuales la correlación armónica con Dios resulta favorable, y el desentendimiento resulta desfavorable.

Igualmente, las consecuencias operativas de ambas posibilidades no siempre son inmediatas, sino que en los casos donde se tiene tendencia favorable, a veces si se procura una amonestación inmediata con fines de inducir corrección en estos individuos, pero en los casos de desentendimiento, generalmente no ocurre corrección inmediata, sino algo tardía, o simplemente no se procura alguna corrección sino un severo castigo, que podría ser en vida, después de la vida o en ambos casos.

Los parámetros existenciales del hombre, resultan muy complicados por motivo de las vicisitudes que ocurren en el elemento material y político, como por la discrecionalidad existente en el elemento espiritual y religioso, la cual contempla guiarse por parámetros relativos de existencialidad con relación a la existencia misma: tanto del elemento espiritual como con Dios mismo y sus preceptos, situación que se complica por la existencia de distintos credos, y porque no corresponde al hombre otorgar la fe, para ninguno de vanaglorie, sino que es potestad exclusiva de Dios otorgarla.

ESQUEMA BÁSICO OPERATIVO

Como esquema básico de existencialidad, puede mencionase en primer término que: el hombre fue creado relativamente perfecto y en un mundo relativamente sin complicaciones al menos traumáticas, pero que por motivo del primer pecado, perdió la condición de relativa perfección y adquirió la de relativamente imperfecto, de esto tenemos que el hombre no era totalmente perfecto por el motivo de hecho de haber pecado, de lo contrario no hubiese sido relativamente perfecto, sino absolutamente perfecto.

En cambio: el paraíso siguió siendo un ambiente sin complicaciones, pero fue desterrado de ese lugar a un lugar donde abundan los traumas e incluso la muerte de una manera irrevocable, al menos por longevidad; a la falta de vida se lo otorgo luego parámetros de bidireccionaliad, mediante la creencia que nuestro señor Jesucristo, resucitó de la muerte al tercer día de haber sido muerto mediante crucifixión, y que igualmente se debe creer que tal muerte fue cierta, pues ello permite lavar las culpas condenatorias: tanto la heredadas por el primer pecado, como la cometidas particularmente.

Luego tendríamos, la operatividad existencial ajustada a leyes rigurosas de los elementos materiales, donde un mayor conocimiento y manejo de de ellas, es garantía de una mayor existencialidad con la mayor satisfacción y el menor trauma posible, aun así: las posibilidades operativas no dependen exclusivamente del dominio que se tenga sobre las leyes naturales, ni de la voluntad operativa, sino que también estén supeditadas a factores fortuitos, y no necesariamente de los aleatorios, pues estos exigen la voluntad de querer involucrarse en ellos, de lo contrario no aplican espontáneamente con si es el caso de los factores fortuitos.

Incluso en los casos de digitalización forzosa: no aplican del todo los factores aleatorios, puesto que se trata de forzosamente escoger o rechazar entre algunas variables que se presentan de manera fortuita sin que esto pueda evitarse, en ocasiones la operativa aleatoria adquiere *secuencia contextual diferente* o *permutación de contextos*, esto es cuando cambian los parámetros contextuales de una misma operatividad y adquieren luego otro contexto, como ejemplo de esto mencionaremos los casos, donde alguien se involucra voluntariamente en operatividades de apuesta, y luego se generan parámetros de adicción donde le resulta difícil inhibirse de seguir apostando, y en este caso se pierde la posibilidad voluntaria, para dar paso a un operatividad aditiva forzosa.

Si bien la singularidad de la apuesta sigue siendo aleatoria, deja de ser tal, la discrecionalidad o voluntad de apostar, algunos casos de apuesta mantienen el mismo contexto, pero estos son relativos puesto que no son tales, como ejemplo pueden mencionarse los casos donde se alteran o manipulan inescrupulosamente las variables aleatorias de la apuesta, con la finalidad de obtener un resultado que favorezca al corredor de apuesta y desfavorezca al apostador.

Obviamente no se estaría apostando a un resultado aleatorio sino a una operatividad fingida que comúnmente aplican como timo o estafa, como ejemplo de esto pueden mencionarse el tongo en la lotería, uso de sustancia prohibidas en los atletas y o caballos de carreras, pago de sobornado a un árbitro o juez de algún deporte, marcar barajas, manipular maquinas electrónicas de apuestas, etc.

Aparte del rigor de las leyes naturales, toca lidiar también con las leyes establecidas por el hombre, no solo las de gobernabilidad enmarcadas en el estado, y dentro de este: el estado de derecho cuando lo hay en forma real o aparente, sino con un sinnúmero de reglamentos, códigos, acuerdos, pactos, etc., que se establecen entre los ciudadanos, los que derivan de la anarquía o falta de orden, y los que concurren de manera particular cuando la operatividad se ve restringida por limitaciones propias del individuo, como las derivadas como algunas perturbaciones físicas y mentales.

Si la operatividad política se realiza en correlación armónica con las leyes naturales, y relativamente de acuerdo al orden político establecido, y de algunos acuerdos de manera particular entre los individuos, la correlación con el elemento espiritual y el religioso igualmente sería armónica; pero no siempre los parámetros del orden establecido en política gubernamental y de acuerdos ciudadanos, están correlacionados para funcionar de manera armónica con la leyes naturales, sino que incluso a veces chocan de manera vital para el individuo, y peor aún: adolecen o van en contra del elemento espiritual y el religiosos, y que pueden afectar a todos los factores involucrados.

La afectación podría ser de gratificación o de condena, y aplicarían de manera inmediata, a corto, mediano o largo plazo, igualmente algunas pueden ser recibidas en vida pero otras no, aunque si resulta inexorable que como mínimo ocurran luego de la muerte, mediante un juicio previo establecido para todo individuo, esto obliga a todo individuo, a discernir cuales serían los verdaderos criterios que garanticen su existencialidad ajustada a los designios del Dios todopoderoso.

Obviamente no bastaría solo con discernir de manera particular entre los bueno y lo malo, sino que se hace necesario realizar comprobaciones y acuerdos de factores comunes con otros individuos, preferiblemente el mayor número posible, pero esto no es obligatorio ni limitativo, pues debe prevalecer el criterio cualitativo sobre el cuantitativo, indistintamente que el número de individuos apegados al criterio favorable sea mayor o menor que los no favorables, y de igual modo: que la regencia de las deliberaciones las conduzcan los individuos de mayor inteligencia, pues demás esté decir que también serian ellos, quienes en mayor numero aporten los criterios de máxima lógica que deben tener todos los acuerdos y conclusiones que se establezcan.

Es bueno tener presente que el contexto del bien, esté conformado por tres parámetros básicos, los cuales son: **1ro**: hacer lo que es esencialmente bueno, en este caso:

tomar en consideración lo que es malo, es solo una excepción, **2do**: no practicar el mal: esto parte del hecho de no caer en las tentación que luego pueda conducir a practicar operatividad maligna, y el **3ro**: combatir al mal: esto equivale a hacer frente a lo que es malo. Todos estos parámetros son correlativos del bien, pues todos implican hacer el bien, pero no necesariamente de una manera completa como si lo es en conjunto e igualmente tiene su jerarquía según el orden expuesto.

Establecer acuerdos de lo que serían los principios de máxima lógica, no sería mayormente problemático para los indivisos de mayor intelectualidad, y como ejemplo de ello podemos citar a prácticamente todas las universidades e instituciones afines del mundo, pues casi todas instruyen sobre los mismos principios de una manera altamente correlacionas, pero no ocurre así generalmente con el ordenamiento político de las naciones, pues en muchos casos, las deliberaciones sobre los órdenes que se han establecido o pretende establecer, es llevada a cabo por individuos de los peores criterios intelectuales, o de relativamente alto rango intelectual, pero mucha falta de escrúpulos.

Dentro de lo peor de esto, es que los intelectuales de mayor jerarquía no participan o lo hacen de una manera escasa y derrotista, subyugados por los de menor inteligencia, bajo parámetros de mayoría electoral o factores de fuerza, esto obliga a una participación más activa de los individuos de mayor inteligencia, con relación a los de menos, pero igualmente estos deben apelar a criterios de sensatez y de lógica, sobre lo aberrante que resulta el pretender ejercer protagonismo regente sobre los más inteligentes, pero dentro de lo más difícil del caso es que precisamente por motivo de la escasa inteligencia de muchos, no consiguen reunir los suficiente criterios de sensatez que les haga cambiar de parecer.

Renegar de estos criterios, significa dar paso a a incertidumbre de la guerra, donde los sectores de mayor inteligencia y menor inteligencia pero de mayor sensatez, procuraran que se imponga el criterio de máxima lógica, mientras que los menos inteligente y relativa alta intelectualidad procura imponer criterios de mera conveniencia propia, sin importarles que estos sean los de máxima lógica, o que algunos consideren que si lo son, y en este caso los factores a favor de la máxima lógica, deben poner todo su empeño o procurar convencer a los menos intel gentes de la mayor conveniencia de esta, e inconveniencia de lo contrario, aunque esto no es limitativo si de alguna manera se consigue imponer la regencia de la máxima lógica, indistintamente del no convencimiento u oposición de algunos factores.

Las circunstancias no siempre dependen de una mayor o menor intelectualidad, sino de factores instintivos, como el miedo y el hambre, y ambos casos generalmente van relacionados con severos traumas o la muerte, en los casos de amenazas: a veces el individuo cede ante los designios de un atacante u opresor, en procura de evitar el factor tipo que contiene la amenaza, como sufrir violencia corporal a él o a terceros de su entorno, pérdida de empleo, encierro, destierro, despojo, o amenazas de muerte misma de forma directa, etc.

En el caso del hambre, el miedo a morir puede inducir respuestas de supervivencia en el individuo, donde se da jerarquía o prioridad a la mera supervivencia, subestimando o desestimando la rigurosidad de otros factores traumáticos que pudieran originarse al ceder o acceder de manera ignominiosa a la satisfacción del requisito alimentario, generalmente al principio o un primer momento, el individuo esta consiente de la comisión de un hecho impropio, y a veces procura que no se repitan los factores que lo generan, pero en otras se generan derrotismos que van desde la pérdida de valores, colapso emocional y habito o profesionalismo hacia los hechos impropios.

La simple pérdida de valores y el colapso emocional, son derrotismos que a su vez inducen al individuo a una conducta marginal; cuando la carga de ignominia: o es muy severa en un primer momento o por una secuencia continua de ellas, donde a veces no actúa la mera ignominia, sino también degeneración orgánica de tipo física y mental como producto del hambre, si bien este tipo de individuos representa un relativamente pequeño porcentaje del sector popular, resultan los más fáciles de chantajear con promesas de abundancia, de manipular con fabulas, y de amenazar con propósitos políticos, sobre todo porque también resultan ser los más violentos.

La conducta violenta les viene por motivo de la operatividad diaria de los sectores donde viven, y por la manipulación con criterio vengativo que les inducen la dirigencia del cinismo político, esto también lo hacen los que adquieren habito o profesionalismo hacia los hechos impropios o el delito, solo que prefieren una operatividad dirigencial, o ser subalternos en bandas u organizaciones de alta jerarquía como partidos políticos de extrema izquierda, organizaciones de defensa de derechos humanos, carteles del narcotráfico, grupos terroristas, etc.

Los rigores traumáticos que puedan sufrir los hijos de los ciudadanos socioeconómicamente rezagados, representan uno de los principales motivos que inducen a los padres de estos a una conducta heroica en algunos e impropia en otros, y los desenlaces casi siempre son inherentes o están correlacionados a la solides de los valores que pueda tener cada individuo, así como la solvencia operativa del ambiente donde se desenvuelven, de esta forma: si los valores son muy sabios y muy fuertes: la tendencia es a prevalecer sobre las adversidades a veces con heroísmo, pero si los valores son poco sabios: indistintamente de la fortaleza que se tengan de estos, casi siempre desembocan en episodios traumáticos.

A una madre o padre en ocasiones les resulta en extremo difícil no "jugarse el todo por el todo" en procura de remediar un hecho calamitoso que pudieran estar padeciendo su hijo: como verlos llorar o convulsionar por inanición, por alguna enfermedad o por casi cualquier otro hecho calamitoso, y generalmente se procura la salida menos traumática para ambos, y efectivamente a veces se consigue, pero en otras casi todas las opciones poseen parámetros traumáticos, generalmente de ignominia real o relativa, y la relativa se da porque es frecuente que algunos factores humanos tienen por ignominiosos algunos criterios que no teniendo porque ser catalogados como tal, aun así se les tiene en tal concepto y sobre todo porque cuando el individuo resulta agobiado por inminente amenaza de muerte, y las únicas salidas disponibles resultan ignominiosas, tienen la tendencia en muchos casos, a considerar que peor resultado sería perder la vida propia, de familiares y incluso allegados de gran estima, y no agotan los extremos a veces heroicos como efectivamente los hacen otros.

Parte de estos hechos se generan a partir de la falta de discernimiento entre lo que es bueno y lo que es malo, e incluso a veces se les otorga valores invertidos donde lo que es bueno se le tiene por malo y los malo por bueno: los casos más frecuentes son los de confundir los llamados trabajos de bajo nivel, como si fuesen algo malo o muy reprochable, o las operatividades perversas como una forma valida de ganarse la vida, pero en ocasiones las realizan conscientes de la perversidad que hay en ellas, pero están dispuestos a correr consecuencias, generalmente amparados en parámetros de impunidad o de simplemente la suerte.

Las salidas no siempre son en función de calamidades que pueden estar padeciendo terceros como un hijo o cualquier otro familiar, sino que también pueden ocurrir en función de si mismo, o en función de ambos factores, que se dan tanto por la calamidades de un familiar como por la impotencia de algunos padres u otro familiar de no disponer la solución adecuada, y del mismo modo: la salida no siempre incluye parámetros meramente ignominiosos de bajo nivel, sino que también pueden ser acompañados de salidas delictivas, como también, en el generalmente peor de los casos, puede desencadenar en un atentado contra la vida propia o suicidio. A veces el suicidio no involucra parámetros de auto atentado, sino el involucrarse en situaciones riesgosas de altas posibilidades de ser dado de baja mortalmente.

Dentro de las salidas tipo meramente ignominiosas más comunes, pero como dijimos: en ocasiones no tienen porque ser tales, se encuentran el recurrir a parámetros de caridad,   la mendicidad como caso extremo, y el realizar trabajos tenidos como de bajo nivel,   emigración a otras regiones de un mismo país u a otro, ocurren también situación de remate de propiedades y endeudamientos al límite o sobre la capacidad de pagos, lo cual puede generar entre otros: severas pérdida de popularidad al no poder mantenerse el nivel de vida que se llevaba.

Dentro de las situaciones ignominiosas y criminales más comunes están en la mujer: la prostitución, en el hombre: la delincuencia y genéricamente a ambos, el realizar trabajos sucios a favor de el cinismo político: aunque en este caso pueden entrar parámetros de criminalidad directa y cómplice, siendo la directa la que ocurre mediante el voto a favor de factores cínicos o cuando el individuo se presta para la "guerra sucia" de la política o para atentar contra factores rivales o propios que les resulten inconvenientes, y los parámetros de complicidad cuando muestran apoyo evidente o subliminal, a los desmanes y crímenes de un régimen político extremista que se encuentre en el poder o pretenda estarlo.

Generalmente resulta desconcertante ver a los factores de orden intentar crear conciencia en los sectores rezagados acerca de lo indeseable que resulta la dirigencia extremista, pero en realidad es poco lo que consiguen con esto, por muy evidentes que resulten las pruebas de corrupción pública, traición a la patria, ineficiencia, devastación, atropellos, tiranía, y todo tipo de injusticia, puesto que la operatividad básica de los factores rezagados es en base al hambre y al miedo: sobre la operatividad de conciencia.

Esto lo hacen de manera abierta o muy subliminal, y del mismo modo ello representa parte de los factores que hacen que los regímenes extremistas se prolonguen en el tiempo y adquieran relativo auge, pues son atacados desde un flanco donde tienen mucha fortaleza, como lo es la manipulación del hambre de los ha hambrientos, la necesidad de los necesitados y la promoción del miedo y el terror, o sea: *comenten el grave error de atacar solo al "dragón" pero no a la "bestia" que le da poder al "dragón"*.

Existen ciudadanos que con gran sacrificio, esfuerzo, y capacidad, se dedican a estudiar, trabajar, y generar parámetros de bienestar, pero luego son engañosamente criminalizados por los factores extremistas y secuaces del sector rezagado, de una forma que les haga merecedores de persecución, expropiación y exclusión, mientras que igualmente existen ciudadanos, que o no estudian o si lo hacen: pero no tienen la capacidad para dominar los rigores académicos que exigen algunas asignaturas de estudio, igualmente no trabajan, trabajan poco o mucho, pero como sea: no les rinde económicamente el trabajo y o contrario a todo esto: se dedican es al vicio y la perdición y la delincuencia, pero luego son engañosamente victimizados por los factores extremistas de una manera revanchista y vengativa contra los sectores productivos, y tales cosas, iónicamente: hasta son dejadas entrecolar como legales y legítimas.

Visto esto: si los factores productivos, envés de ser celebrados, y tenidos en el mejor criterio, como efectivamente ocurre en las sociedades sensatas: son es perseguidos, despreciados, y criminalizados y en cambio los factores rezagados y los perversos: envés de ser tenidos en un ambiente de consideración los rezagados y de reproches los perversos, ambos son tenidos como los ciudadanos más valiosos, y merecedores de toda la dignidad y propietariedad de la nación, estos: obviamente no lo piensan dos veces, para entregarse en cuerpo y alma a esa causa diabólica, sobre todo sabiendo que el criterio real que los motiva es al hambre producto de sus propio derroteros.

A esto se le suma la posibilidad de obtener botín como producto del reparto de las riquezas del estado y de los patrimonios privados, en un ambiente donde estos mimos aceptan y promueven que la regencia del sistema debe recaer en quienes simplemente consigan reunir un mayor número de votos electorales.

Indudablemente, el principio de simple mayoría electoral o mayoría bruta donde no se depuran con inteligencia los factores que la deciden y establecen el orden, representa una de las peores aberraciones de la inteligencia humana, y por lo menos por partida doble: en primer lugar porque el simple principio de mayoría no es sinónimo absoluto de que se estarían tomando en consideración los mejore criterios cualitativos, y segundo por se deja abierta la posibilidad en donde una mayoría perversa o de menor nivel, pueda ser la que ocupe la regencia del sistema sobre los individuos de mayor calidad intelectual y moral entre otros.

Es bueno reconocer que el principio de simple mayoría o mayoría bruta, es propio del ideal democrático, y que este a su vez ha representado el mejor ideal político, pero ocurre que tal bondad se da es cuando por casualidad y o meritos de factores sensatos, estos consiguen ser quienes obtienen la mayoría dominante, pero no siempre ocurre el dominio mayoritario de los sensatos, sino el de los rezagados y los perversos, o sea: irónica y paradójicamente los sensatos dejan abierta la "puerta del abismo", donde ellos mimos, en ocasiones terminan cayendo.

Obviamente: la solución a esta aberración no está en deshacerse del ideal democrático, sino el de perfeccionarlo erradicándole el principio que establece la mayoría bruta o no depurada como factor de decisión absoluta para efectos de gobernabilidad, e incluso: no siempre este factor resulta aberrante solo para efectos de gobernabilidad, sino para muchos otros donde se requiere del voto de un colectivo para establecer decisiones. Aun así: resulta de mayor conveniencia guiarse por el contexto del ideal de centro, que por el de ideal democrático, pues si bien ambos representan lo mismo o casi lo mismo, el contexto de centro aplica mejor para establecer algunas depuraciones, sobre todo el diferenciarse de los ideales extremistas de la izquierda y la derecha.

Si bien, hasta donde tenemos constancia: no ha existido un criterio donde haya quedado firmemente establecida la correlación absoluta del elemento político con

61

el elemento espiritual: y que tal hecho se haya manejado como el contexto de política, pero aun así, si ha resultado frecuente los echo donde de todos modos se le ha manejado casi como si se tuviera conocimiento del contexto, y tal vez más concretamente, pero de una manera subliminal, en el libro que contiene la doctrina cristiana, o sea, en la Santa Biblia, aunque del mismo modo: casi siempre a esta se le ha considerado solo para efectos del elemento religioso.

Como ejemplos del manejo político estrechamente relacionado con el elemento religioso, pueden citarse a la ideología política llamada democracia cristiana, la cual tiene como principio fundamental un manejo de la política basado en la doctrina cristiana, igual merece mención la institución conocida como el Opus Dei, la cual establece la búsqueda de la santidad mediante una operatividad enmarcada dentro de doctrina cristiana, ambas plantean llevar una vida ajustada a la doctrina cristiana, solo que el Opus Dei: es más enfático en el logro de objetivos más ambiciosos como la santidad.

Igual existen otras tendencias ideológicas, donde se correlaciona estrechamente al elemento político con el religioso, solo que se establece el dominio y manejo de este sobre el elemento político, lo cual luce paradójico porque el elemento político pierde su autonomía, lo que equivale a decir que pierde su esencia.

Establecer singularmente una correlación armónica operativa entre el elemento político y el religioso, donde ambos mantengan su esencia es muy sencillo, pues primero es necesario tener claro que la operatividad fundamental del sistema es de tipo material, y por tanto política, igualmente: motivado a que el elemento religioso exige criterios discrecionales donde para algunos individuos les resulta muy evidente la existencia de Dios, pero no así para otros, se hace necesario respetar ambos criterios, de forma que los preceptos religiosos pueden ser correlacionados de forma directa con el elemento político para los creyentes, e indirectamente para los no creyentes.

Esto quiere decir que casi indistintamente de donde se tomen los criterios: bien sean políticos o religiosos que conformarían los parámetros del orden establecido, no se puede obligar a los no creyentes tener que compartir tales criterios como si estos fuesen creyentes, ni a aceptar su implementación en caso que no cumplan con criterios de máxima lógica material, pero tampoco estos pueden obligar a la exclusión de los criterios tomados del elemento religioso, por motivo que estos no compartan tales creencias, siempre y cuando los criterios que se tomen del elemento religioso, igualmente guarden criterios de máxima lógica con el elemento material.

De esta forma el sistema y orden establecido, marcharían de forma unitaria para todos los factores y en un ambiente de correlación armónica, pero que en el caso de los creyentes: están obligados a operar separadamente de los no creyentes lo relacionado al elemento religioso. De esta forma los creyentes dispondrían de factores operativos por partida doble con relación a los no creyentes, pues envés de enfrascarse solamente en los criterios operativos que ofrece el elemento material, también tendrían disponibles los criterios del elemento religioso, y que a la sazón, muchos de los criterios o preceptos ofrecidos por el elemento religioso, ofrece criterios que facilitan una mejor operatividad material que muchas de las disponibles en este elemento.

Obviamente nos estamos refiriendo a la doctrina cristina, pero se deja a discreción de los creyentes de otras religiones, exponer los argumentos donde se encuentre establecidos criterios religiosos que igualmente mantengan una correlación armónica y estrecha con la rigurosidad de las layes de la naturaleza, incluyendo la conformación operativa material del ser humano; y a los creyentes de todas las religiones incluida la cristiana: exponer y verificar los criterios que consideren favorable y desfavorables expuestos igualmente por los distintos creyentes y hasta no creyentes en deidad alguna.

DILEMA CLIENTELAR

Dentro de los criterios de la operatividad general existencial, existen muchos dilemas, y dentro de los que más afectan al individuo se encuentran los dilemas clientelares, estos ocurren cuando se hace necesario establecer jerarquías, preferencias o genéricamente decisiones a favor o en contra de distintos factores o de solo algunos o todos los involucrados o que podrían estarlo. En todo esto generalmente no existe mayor conflictividad cuando existen mecanismos de orden establecido cuyos criterios son de común acuerdo del mayor número de operadores, tanto en cantidad como en calidad, que intervienen en un ambiente tipo o global.

A medida que transcurre la secuencia operativa de este tipo, comienzan a descubrirse y o generarse parámetros armónicos de estabilidad y consolidación a través de la verificación de lo diseñado y planificado, o conflictivos de inestabilidad y fractura, como producto de errores de diseño y planificación, en todos estos casos la operatividad pude ser diseñada para un solo acto, varios, o para que funcionen de forma permanente, pero podrían prolongarse o acortarse según las circunstancias.

Para efectos del orden supremo establecido, por ejemplo: la rigidez del tiempo opera de manera inexorable, o sea: todo ocurre según el tiempo establecido, y esto para algunos creyentes representa dilemas existenciales, generalmente de tipo especulativo, sobre la certeza de cuando ocurriría o no tal o cual acontecimiento, sobre todo de tipo profético, y sobre estos las especulaciones de tal ves mayor relevancia: son las que atañen al fin del mundo o actual sistema de cosas.

En este caso: generalmente se cometen grandes especulaciones sobre la veracidad que efectivamente ocurra el fin del sistema de cosas, y sobre la veracidad que tal hecho ocurra en una fecha determinada, y para efectos de fe, el fin efectivamente debe ocurrir, pero no así en las fechas que algunos crean o calculen, pues sobre tal fecha actúa un velo de misterio que hace que solo sea conocida por Dios todopoderoso, pues ha dejado ver que incluso ni el hijo del hombre (Cristo), ni aun los ángeles de cielo la conocen, por lo que exponer una fecha determinada y o creer en ella, representa un falta de fe en las disposiciones de Dios.

Mateo 24, 36

24:36 El cielo y la tierra pasarán, pero mis palabras no pasarán.

24:37 Pero del día y la hora nadie sabe, ni aun los ángeles de los cielos, sino sólo mi Padre.

El contexto de dilema clientelar no aplica solo sobre lo que comúnmente conocemos como clientes sobre todo en el ambiente económico, sino que aplica sobre cualquier tipo de *variable distributiva*, sobre la que corresponda o pueda corresponder otorga algunos parámetros, que podrían ser unidireccionales o bidireccionales, por lo que quien otorga un parámetro distributivo puede a veces ser también otro parámetro distributivo de la contraparte a la que otorga el parámetro. Genéricamente también podemos definir los dilemas clientelares como "*la dinámica del dar y recibir*".

Existen también los clientes de entorno, los lejanos, los fijos o frecuentes, los eventuales y las terceras partes. Dentro de los clientes de entorno podemos citar al núcleo familiar, y a otros familiares con los que se mantiene regular contacto, y en este orden de categorías podemos citar también a los vecinos, compañeros de estudio, de trabajo, socios de topo tipo, correligionarios políticos y religiosos, colegas, grupo sanguíneo, conciudadanos, seguidores o fans de un equipo deportivo, de celebridades de todo tipo, de un producto o marca comercial, afines a distintos gustos y placeres, etc.

En el ambiente familiar, los dilemas existenciales más frecuentes son las deliberaciones sobre el manejo del presupuesto familiar, las preferencias que los padres puedan otorgar a diferentes hijos, la estabilidad de la pareja, etc., todos estos dilemas poseen criterios de fiel cumplimento, o al menos eso es lo que generalmente se establece en su conformación, y a veces ocurre así, pero otras llegan a ser muy relativos, a tal extremo que los criterios de compromiso, amor, fidelidad etc., con que se conformaron, llegara a ser tan relativos que termina disgregándose, o relativamente rompiéndose, y decimos relativos porque en caso de alguna conflictiva que origine una separación entre padres e hijos, estos siempre mantendrá parámetros de identidad genética entre otros.

En los dilemas clientelares de tipo intercambio comercial, la dinámica gira en torno a la preferencias tipo del cliente consumidor y las que podría inducirles el cliente distribuidor: en un ambiente generalmente muy competido por ganar el mayor número de clientes tanto en calidad como en cantidad, y de consolidaciones de las mejores relaciones, donde convergen la mejor calidad del producto o servicio, la mayor garantía, etc. paralelo a los parámetros armónicos, existen también celos, envidias, intrigas, incumplimientos, estafas, y acoso de terceros con propósitos inescrupulosos, como la delincuencia común y la política cínica.

En los dilemas clientelares de tipo político, existe a tendencia a mantenerse fiel a determinada organización política y a un mismo ideal, y dentro de los lo importante de los dilemas que generan en este ambiente, está el hecho que posee marcada influencia en la existencialidad en general, y funciona de manera armónica cuando al correlación entre el factor cliente - gobierno, y el factor cliente - ciudadano, funciona a satisfacción de las partes, pero funciona de manera conflictiva o traumática, cuando la correlación entre todas no satisface o genera insatisfacción a todas y o algunas de las partes.

Puede decirse que deliberar acerca de los mejores criterios que generen una mayor correlación armónica, es algo que siempre ha ocurrido en todos los sectores, e igualmente pude decirse que siempre se ha procurado actuar con los mayores criterios de buena fe, pero igual resulta que no todos los factores actúan de buena fe, ni tampoco no siempre cuando se actúa de buena fe, se posee la capacidad para establecer los criterios que brinden soluciones que garanticen una operatividad perfecta o al menos de alta satisfacción para las partes.

Igualmente motivado a los dilemas existenciales, no siempre los criterios y parámetros de satisfacción son los mismos, sino que incluso a veces se contraponen radicalmente, y esto es uno de los grandes problemas del sistema, pues generalmente se da prioridad hegemónica a factores relativos que se originan en los sentidos, como gustos, placeres, satisfacciones, necesidades, etc., sobre el factor absoluto de la inteligencia, y porque existiendo un orden absoluto establecido parta el elemento material, se hace caso omiso a la existencia de este, o no se tiene la capacidad de abordarlo según los principios de leyes conocidos, y peor aún: muchos de quienes los desconocen no procuran la regencia de quienes si los conocen, sino que hasta procuran ser regentes sobre quienes los conocen, y para colmo de males:, muchos de estos aceptan y promueven tan aberrante concesión.

En estos casos: los dilemas clientelares se originan por la avasallante cantidad de factores relativos, que subliminalmente con el tiempo van adquiriendo criterios de orden establecido de tipo paradigma, pero que irónicamente son solo eso, o sea: factores relativos, que por ser tales, resultan traumáticos en su operatividad, sobre todo cuando existen factores absolutos que igualmente por ser tales, poseen peso absoluto sobre los relativos, aunque también existe el problema donde no solo se deja de lado la correlación hegemónica de factores absolutos sobre los relativos, sino que igualmente, ni siquiera se han estado manejando con precisión de contextos: que es un factor absoluto y que es uno relativos, ni cuales serían tales.

Mediante el conocimiento exacto de lo que sería un factor absoluto, puede establecerse que solo Dios es el único factor absoluto en esencia, lo que hace que cualquier otro factor sea solo relativo, esto a su vez permite a la gente tener conciencia de la unilateralidad existencial que ello representa, pues como factores relativos que son, están sujetos a los designios del factor absoluto en esencia, y que pretender sujetarse a cualquier factor relativo, representa un una circunstancia de *negación de origen*, y por tanto una situación de *degeneración existencial*.

MONOPOLIO EXISTENCIAL

Esto hace que se debe ser muy cuidadosos en ser fieles vigilantes del *monopolio existencial absoluto de tipo correlación armónica, que debe existir con el Dios creador,* y en este caso: igualmente procurar desentenderse por completo de cualquier tipo de criterio que pueda generar alejamiento o dilema sobre ese monopolio, y sobre todo teniéndose presente que lo que más agrada a Dios es la fidelidad absoluta, y lo que más desagrada es la falta de ese tipo de fidelidad, donde a veces un simple titubeo, puede representar un acto de desagrado o infidelidad, sujeto a reproches o castigos de diversa magnitud.

En cambio: cuando se toman decisiones favorables a la debida fidelidad hacia Dios, ocurren los episodios de mayor agrado divino, y los generadores de mayor recompensa a los fieles, sobre todo cuando los parámetros que originan la demostración de fidelidad, están dotados de alto riesgo existencial para el individuo, pero que aun así, se prefiere actuar con heroísmo fiel hacia Dios, y hacia una existencialidad que solo El garantiza.

El monopolio existencial absoluto aplica tanto para el elemento religioso como para el político, pero con parámetros operativos menos rígidos para el elemento político que el religioso, de esta forma están permitidas algunas concesiones clientelares de tipo existencial, cuando no están en juego directamente parámetros espirituales sino políticos, aunque de todas formas: indirectamente la operatividad política también implica parámetros de monopolio existencial, las concesiones o márgenes de tolerancia ocurren cuando el individuo negocia por cuenta propia o se ve obligado a negociar por las circunstancia, parámetros existenciales, que resultan reprochables en el elemento material, pero que como dijimos, *sin son reprochables en lo material: también lo son en lo espiritual.*

Como ejemplos de esto podemos citar: el ofrecerse sexualmente o ceder a un chantaje sexual, por motivos económicos, o por simple deseo o lujuria, igualmente ofrecerse políticamente o ceder ante un chantaje político, por motivos de necesidad o ambición; en ambos casos, los más propensos a ceder son los individuos de menor nivel socioeconómico, moral e intelectual y por tanto representan los objetivos preferenciales a seducir y aptar por parte de los dirigentes cínicos: quienes terminan convirtiendo a los rezagados en cómplices iguales o peores que ellos, al igual que a algunos de relativa holgura económica, pero que los motiva la ambición sin escrúpulos.

Colosenses 2, 8-10

2:8 Mirad que nadie os engañe por medio de filosofías y huecas sutilezas, según las tradiciones de los hombres, conforme a los rudimentos del mundo, y no según Cristo.

2:9 Porque en él habita corporalmente toda la plenitud de la Deidad,

2:10 y vosotros estáis completos en él, que es la cabeza de todo principado y potestad.

2 Pedro 2, 17-19

2:17 Estos son fuentes sin agua, y nubes empujadas por la tormenta; para los cuales la más densa oscuridad está reservada para siempre.

2:18 Pues hablando palabras infladas y vanas, seducen con concupiscencias de la carne y disoluciones a los que verdaderamente habían huido de los que viven en error.

2:19 Les prometen libertad, y son ellos mismos esclavos de corrupción. Porque el que es vencido por alguno es hecho esclavo del que lo venció.

Mateo 23, 15

23:15 ¡Ay de vosotros, escribas y fariseos, hipócritas! porque recorréis mar y tierra para hacer un prosélito, y una vez hecho, le hacéis dos veces más hijo del infierno que vosotros.

Aprovecharse inescrupulosamente del prójimo en aprietos, representa uno de las más aberrantes motivos de condena para quienes practican tal circunstancia y para quienes ceden en ella, sobre todo si entra en juego valores y anti valores morales como la fidelidad y la traición, pero del mismo modo, mantenerse fiel Dios y a los sanos principios en tales circunstancias, representa uno de los más celebrados motivos de recompensa.

Lucas 4 1-13

4:1 Jesús, lleno del Espíritu Santo, volvió del Jordán, y fue llevado por el Espíritu al desierto

4:2 por cuarenta días, y era tentado por el diablo. Y no comió nada en aquellos días, pasados los cuales, tuvo hambre.

4:3 Entonces el diablo le dijo: Si eres Hijo de Dios, dí a esta piedra que se convierta en pan.

4:4 Jesús, respondiéndole, dijo: Escrito está: No sólo de pan vivirá el hombre, sino de toda palabra de Dios.

4:5 Y le llevó el diablo a un alto monte, y le mostró en un momento todos los reinos de la tierra.

4:6 Y le dijo el diablo: A ti te daré toda esta potestad, y la gloria de ellos; porque a mí me ha sido entregada, y a quien quiero la doy.

4:7 Si tú postrado me adorares, todos serán tuyos.

4:8 Respondiendo Jesús, le dijo: Vete de mí, Satanás, porque escrito está: Al Señor tu Dios adorarás, y a él solo servirás.

4:9 Y le llevó a Jerusalén, y le puso sobre el pináculo del templo, y le dijo: Si eres Hijo de Dios, échate de aquí abajo;

4:10 porque escrito está:

A sus ángeles mandará acerca de ti, que te guarden;

4:11 y, En las manos te sostendrán, Para que no tropieces con tu pie en piedra.

4:12 Respondiendo Jesús, le dijo: Dicho está: No tentarás al Señor tu Dios.

4:13 Y cuando el diablo hubo acabado toda tentación, se apartó de él por un tiempo.

En los anteriores versículos bíblicos: nuestro señor Jesucristo, demuestra uno de los más relevantes ejemplos de fidelidad a Dios en situaciones extremas, como el estar bajo altos parámetros de inanición y aun así: prefirió mantener la fidelidad a Dios, rechazando ofertas traidoras de comida y riquezas ofrecidas por el diablo, y al mismo tiempo queda expuesta una de las formas más típicas de ataque diabólico, la cual está representada por el hecho de llevar tentaciones traidoras y pecaminosas, a los individuos que se encuentren en situaciones de relativo alto riesgo existencial, y se dice relativo por el hecho que precisamente: si se pone fe suficiente en Dios, ello es garantía absoluta de sobreponerse ante cualquier adversidad.

ATAQUES TIPO DIABÓLICO

Los ataques tipo diabólicos, o sea: los que no estaría involucrado el diablo en forma directa, son bastante frecuentes en la cotidianidad operativa, aunque no siempre con criterio espiritual directo sino indirecto y estos son llevados a cabo por individuos de relativa perversidad, que comienzan a dar sus primeros pasos en los caminos del mal, o por operadores gran oficio de maldad y o almas perversas.

Como ejemplos citaremos los casos donde un hombre innoble procura valerse de la dignidad de una mujer que se encuentre en riesgo existencial, ella o algún familiar, u alguna que otra calamidad, y le hace proposiciones solutivas indecorosas a cambio de sexo, infidelidad, etc., igualmente el caso de los individuos que estando en riego existencial, se ven obligados vender algún patrimonio y algunos procuran valerse inescrupulosamente de la ocasión ofertándole por un precio significativamente más bajo que el valor real de ese patrimonio, o igual le podrían pagar a un precio relativamente justo, pero a condición de ceder a otras proposiciones impropias.

También merece mencionarse los casos donde por motivos de necesidad existencial de algunos individuos, un patrono se vale de la ocasión para pagar un salario injusto a los necesitados, y en ocasiones sin derecho a prestaciones laborales ni seguridad social, aunque en realidad en algunos de estos casos, cuando el patrono no está en capacidad de ofrecer un salario igual al estándar nacional y las posibilidades laborales escasean en forma extrema, si tendría valides moral ofrecer y aceptar una salida que permita así sea un mínimo de continuidad existencial en condiciones extremas pero no malévolas, e incluso es deber del necesitado agradecer y exaltar a quien le permitió lo que en forma real o aparente representaba una de las pocas o la única salida disponible.

Entre los patronos que pagan injustamente y los que pagan por debajo del salario estándar, pero por motivo de restricciones operativas circunstanciales: se generan matrices donde en muchos casos, los restringidos pero nobles ayudadores, terminan siendo agrupados o estigmatizados en una misma matriz reprochable que los patronos injustos, y ello representa una gran injustica, pues así como existen individuos rezagados, también existen empresas y empleadores rezagados, que no tienen capacidad de operar con relativa alta solvencia como otros, pero al menos representa un importante sector que ayuda a aliviar los traumas, angustias y penas de muchos, en el ambiente de los generalmente altos niveles desempleo, ello incluye también a quienes laboran el ambiente de llamada economía informal.

Esto hace que sea un deber moral de todo individuo que en algún momento de apremio, fue auxiliado laboralmente, aunque con restricciones que aun siendo extremas, encajan dentro de lo moral: procurar reivindicar a quienes le extendieron ayuda, pues aparte de la ayuda misma y de lo precario del ambiente laboral y o salarial, no se debe perder la perspectiva, donde a otros individuos que igualmente por motivos de apremio existencial, no les fue posible alcanzar ayuda alguna y o que hubiesen estado dispuesto a aceptar esas mismas ofertas laborales en condiciones aun más precarias.

Otro ejemplo de operatividad tipo diabólica muy extendidas, lo representa las ofertas políticas de bonanzas engañosas a los individuos rezagados: a cambio de apoyo electoral, esto puede incluir expropiar todo o parte del patrimonio privado y colectivo de factores que no pertenezcan a la fórmula política que acceder al control gubernamental, para repartirlo entre los rezagados seguidores, esto hace que generalmente estos rezagados adquieran un gran oficio en el conocimiento de la *historia de la infamia* y *la dinámica de la mentira*, y dentro de esta: el llamado "principio de la gran mentira", el cual manejan con gran astucia en las tertulias y discusiones políticas, y esto los lleva a hundirse aun más en el abismo de la injusticia y terminan engañosamente convencidos que no habría argumentos superiores a los de ellos y que su causa es imperecedera.

Una vez que el liderazgo maligno accede al poder gubernamental, los seguidores de estos, comienzan a generar una matriz de autocensura donde sienten pánico de emitir algún comentario desfavorable al régimen, y favorables a los enemigos de este, so pena de sufrir persecuciones y restricciones en el acceso a los favores del estado, lo cual es algo aberrantemente paradójico, pues el patrimonio del estado es de los ciudadanos, pero los malévolos prefieren secuestrárselos para chantajear y extorsionar a los mismos ciudadanos.

Una significativa parte de este tipo de operatividad, aplica para lo que se conoce como el "síndrome de Estocolmo", o sea: cuando una persona retenida ilegalmente contra su voluntad, genera parámetros existenciales de supervivencia, que desembocan en operatividad cómplice a favor de los plagiarios, lo cual incluye también oponerse o combatir a los enemigo de estos, incluso en los casos donde estos enemigos mantenía parámetros de alianza con el cautivo, lo que hace que igualmente puedan generarse parámetros de traición.

Los caso más extendidos y graves comúnmente ocurren cuando los cautivadores o plagiarios, aplican como factores de gobierno y estado, pues los parámetros de ilegalidad resultan muy confusos, motivado a que los gobernantes plagiarios se valen de todo tipo de artimañas para disfrazarlos de legalidad, y para neutralizar los factores hegemónicos que tanto interna como externamente, son vigilantes y poseen peso suficiente o casi suficiente en la vigilancia de preservación de los parámetros de orden establecido que brindan los criterios de máxima lógica.

Estos factores hegemónicos, generalmente están representados por los organismos subregionales de estado y gobierno, ONGs de defensa de los llamados derechos humanos, la prensa, la iglesia, el grueso de los estudiantes y profesionales universitarios que se forman bajo el rigor estándar internacional, algunos grupos sindicales, el liderazgo capitalista, parte de la oficialidad militar, ONU y sus dependencias, Interpol, tribunales internacionales, potencias mundiales que vigilan el mejor orden, encabezados estos por los EE.UU, etc.

Dentro de las argucias de neutralización más extendidas, se encuentran: el resguardo de la soberanía nacional, las libertades, la defensa contra supuestas campañas en su contra que estarían llevando a cabo los que ellos llaman "sectores poderosos," y del mismo modo realizan una tenaz lucha contra "enemigos fantasmas", o sea, factores que en un tiempo ejercían tiranía contra los pueblos y que con sus pocas excepciones, prácticamente han desaparecido y o perdido vigencia, tales enemigos fantasmas serian: el imperialismo, las oligarquías, la ultraderecha como tal, pues en la actualidad solo existen factores de centro que se dejan o hacen llamar de derecha, pero cuya operatividad y doctrina casi no guardan ninguna relación con la terrible ultraderecha del pasado, el golpismo dictatorial, etc.

Todos estos factores: o no existen o para colmo de males: dentro de los pocos que aún quedan: ellos mismos conforman un sector de regímenes dictatoriales conocidos como "**el eje del mal**" y "**gobiernos forajidos**", en este caso: no es que esos regímenes sean fantasmas, pues aun existen, sino que resulta cínicamente paradójico que aparentemente se oponen a lo que más los llama a complicidad, y del mismo modo si los referidos enemigos no fuesen fantasmas, e igualmente fusen tan crueles como en el pasado y como ellos lo hacen ver, buena parte de los liderazgos extremista, no existirían, ni tuviesen la facilidad operativa que se les observa, pues vivirían bajo constantes ataques y contraataques demoledores por parte de dichos factores, tal como lo hacen algunos carteles del narco tráfico cuando son atacados.

DILEMAS DOCTRINARIOS

Uno de los factores que hacen que determinados paradigmas posean gran arraigo: lo representa el hecho que motivado a la forma generalizada mediante la cual son aceptados por determinados sectores, terminan conformando altos parámetros de identidad común, lo que hace que a su vez representen un factor importante en la configuración de la *conducta desarrollada* de los individuos, y dentro de esos: el tal vez más extendido es el idioma o lengua, pues permite agrupar a la casi totalidad de diferentes factores tipo dentro un universo igualmente tipo, como ejemplo de esto citaremos como universo tipo: a un país y el idioma que se hable allí, y como sectores tipo, a cada uno de los más variados sectores que hacen vida en dicho país, como las clases socioeconómicamente alta, la media y la popular.

En estos casos, no obstante poseer un mismo idioma, pueden observarse diferentes léxicos y maneras de hablarlo, o en los casos subregionales de un mismo país: diferentes acentos, y la conducta desarrollada que se forja en base a todos estos parámetros, pocas veces suele cambiarse en algunos individuos, pero de igual modo, motivado a que muchos paradigmas: en la medida que se van aferrando, igualmente van dejando puntos flacos que los condenan al desuso, estos puntos flacos, efectivamente pueden representar eso: puntos flacos para el paradigma vigente, pero simultáneamente puntos fuertes con relación a nuevos paradigmas.

Motivado a la férrea fortaleza que representa la conducta desarrollada, sobre todo cuando esta es bastante consolidada, pocas veces un nuevo paradigma puede generarle cambios a determinados individuos, pero si pueden generarlos: no en la conducta desarrollada de estos, sino en la nuevas conductas o secuencia generacional de estos y sus descendientes, donde igualmente se generan dilemas o pujas existenciales, y donde cada bando posee incluso criterios favorables de máxima lógica en defensa de su operatividad típica, o de la que se tiene planteado establecer.

Buena parte de los dilemas o pujas entre los paradigmas se centran en factores de marco cronológico, como lo conservador y lo liberal, lo clásico y lo moderno, lo obsoleto y lo revolucionario, etc., y en líneas generales: cuando se generan divisiones en una escala gradual, como grande y pequeño en los tamaños, blanco y negro en los colores, rico y pobre en la escala socioeconómica, mucho y poco en las cantidades, etc., las más problemáticas ocurren cuando se generan sectarismos en base a una sola tendencia o sector, sobre todo cuando en una de ellas o entre ambas, se generan parámetros de gran pugnacidad.

Esto ocurre porque existe la tendencia en muchos individuos a no ofrecer argumentos favorables al contrario: por el simple hecho que la contraparte representaría igualmente un factor sectario, y porque ello puede representar una forma de otorgar la razón o razones de peso a la contraparte y porque también ello podría representar muestra de debilidad, a la vez que también representaría infidelidad y o traición hacia la causa propia, todo esto a su vez imposibilita la búsqueda de factores comunes o acuerdos que sean del consentimiento de las partes.

Como ejemplo podemos citar las ancestrales disputas territoriales entre algunos países, las permanentes pugnas dentro de partidos políticos de un mismo país, la típica rivalidad entre fanáticos de algunos equipos deportivos, pugnacidad entre factores religiosos, pugnacidad entre factores religiosos y políticos, entre fieles y no creyentes, pugnacidad dentro de la más variada gama de gustos y preferencias, etc.

Pero no siempre se actúa por sectarismos generados por paradigmas, sino por verdad simple (la de fácil demostración en forma genérica), verdad científica (la que requiere del rigor científico para ser demostrada) la singularidad genérica (las realidades o aducciones que le ocurren solo a determinados individuos, pero no existen evidencias o pruebas firmes convincentes para terceros, y dentro de esto se ubica el principio de la fe, el cual resulta evidente para algunos, pero no así para otros.

En ocasiones los paradigmas terminan rompiéndose de raíz, y esto ocurre cuando una nueva realidad o verdad resulta tan evidente que no deja lugar a las dudas, como ejemplo de esto podemos citar, los otrora dilemas sobre la redondez y planitud de la tierra y el del sistema heliocéntrico y geocéntrico, sobre si era la tierra la que giraba alrededor del sol o viceversa, y luego cuando fue demostrada la redondez de la tierra y el sistema heliocéntrico, estos de impusieron de forma absoluta sobre los paradigmas que les hacían contraparte.

Obviamente la búsqueda y establecimiento de la verdad absoluta, representa el factor ideal de orden en el sistema, incluso en el principio de la fe: el cual exige creer en Dios sin mayores evidencias, y los motivados o llamados a promover tal hecho entre los no creyentes o desconocedores, solo pueden actuar de forma relativa, ya que el don de la fe es potestad exclusiva de Dios el otorgarla.

Efesios 2, 8-9

2:8 Porque por gracia sois salvos por medio de la fe; y esto no de vosotros, pues es don de Dios;

2:9 no por obras, para que nadie se gloríe.

SINDROME DEL ERROR

Cuando no se dispone de una verdad absoluta, lo más lógico es guiarse por las verdades relativas más ajustadas a la verdad absoluta, y las situaciones se complican cuando interactúan varios problemas y se haría necesario recurrir a varias verdades o soluciones, en estos casos se hace necesario jerarquizar los problemas y sus eventuales soluciones, ajustadas a las posibilidades solutivas disponibles, a veces la solución de un problema implica hundirse en otros problemas, como los casos anteriormente señalados donde para satisfacer el hambre, la prácticamente única solución disponible, serían opciones reprochables, lo cual en ocasiones hace que se generen paradigmas del tipo *síndrome del error*.

Este tipo de paradigmas surgen a partir del momento que en se expresa una especie de autorización tácita o acordada sobre operatividades perversas, que pudieran ser de tipo cómplice o de rivalidad hegemónica, y que una vez consumado el hecho o el consentimiento de hacerlo, las

80

partes o contrapartes quedan sujetas a lo que aplicaría como la "*ley del hampa*".

O sea: se procura operar a partir de ese momento apartado del orden legal establecido por factores de orden propios o terceros, esto tiene el agravante que los factores involucrados quedan desasistidos casi por completo de cualquier tipo de defensa justa, pues por ser practicantes del mal: este tiene por contexto oponerse al bien, donde casi todo o casi todo tipo de acuerdo o indulgencia, puede resultar efímero por el motivo del contexto mismo del mal, lo que hace al individuo quedar expuesto incluso a lo peor, por haberse convertido en practicante del mal, y ese ambiente tiene sus factores hegemónicos, que rigen tanto para el elemento material como en el espiritual, dentro de sus criterios de supremacía, se encuentra hacer el daño o maldad lo mas abominable posible.

Este tipo de operatividad es muy explotada por el cine y la televisión, principalmente en base a factores de narcotráfico y en ocasiones en hechos de la vida real, pero en realidad el síndrome no actúa solo en los ambientes explícitamente perversos, sino que se encuentra camuflajeado en todos o casi todos los sectores, incluso los muy depurados o que se supone deben de serlo, tales como las clases socioeconómicas, la prensa, las religiones, los partidos políticos, los gremios profesionales, etc.

La gran mayoría de los ciudadanos no tiene mayor conciencia de sus actuaciones sean buenas o malas, aun así actúan inclinados hacia lo que es bueno y acerca de lo legal según el orden establecido, en cambio hay otro sector de ciudadanos que en casi toda su operatividad procuran tener la mayor conciencia de estar actuando según lo que es bueno y apartados de lo que es malo, otro sector: en este caso el de los delincuencia común, no siempre actúan con gran conciencia de maldad, pues muchos consideran el delito algo rutinario o lo hacen bajo alguna justificación que ellos consideran noble o permitida según algunos criterios, y finalmente hay otro sector que actúa bajo conciencia de maldad esmerada.

Indistintamente de los parámetros de conciencia acerca de lo bueno y o lo malo con que se actúa, para efectos divinos lo de mayor peso es el motivo de hecho, de esta forma lo que realmente sea bueno o malo se juzgará como tal, para efectos políticos se juzgará según el orden establecido y las vicisitudes del ambiente judicial, y para efectos materiales según el rigor de las leyes naturales, puesto que las leyes naturales se encuentran sincronizadas con las leyes de Dios, lo más lógico sería sincronizar también estas con las leyes políticas.

Toda operatividad afecta al ser humano de manera absoluta, de esta manera si algo se hace con buena intención y efectivamente ocurre algo bueno, las consecuencias posteriores serán buenas: si la intención es buena pero no los hechos, los resultados posteriores serán malos: si la intensión es mala, los resultados posteriores serán malos, indistintamente de los hechos, pero podrían aplicar excepciones para efectos sagrados, en caso que siendo malos los hechos y o la intensión, se procure una indulgencia o perdón, lo que otorga validez al hecho de pedir perdón por las fallas o pecados que se tengan conciencia o no.

Igual operatividad ocurre en el elemento político cuando se pide perdón o disculpas, por algún hecho reprochable cometido, pero no siempre se otorgada la indulgencia por motivos discrecionales del afectado, incluso podrían ocurrir venganza o ajuste de cuentas por parte de un agraviado real o supuesto, basado en la ley del hampa, pero que por ser esta relativa, al cometedor de una falta real puede hacer valer la ley del orden como propia, y encaminar las acciones por esta vía, teniéndose presente que el orden absoluto no plica la venganza como figura judicial, puesto que en realidad esta es un figura caníbal.

Motivado a un sinnúmero de paradigmas, no siempre resulta fácil orientar o reorientar los acontecimientos hacia el orden absoluto, lo que obliga a ser muy depurados en la operatividad del bien, entre ellas: cuidando que no contengan errores o paradigmas que afecten tal operatividad, pues casi irremediablemente afectan al individuo por motivo cel síndrome del error. En ocasiones la interpretación inapropiada de ciertos preceptos o parámetros operativos que aplican sobre una causa propia, hace que involuntariamente se cometan errores operativos, esto genera paradigmas de contenido irónico, por motivo que una verdad real o supuesta a la que se pretende dar máxima vigencia: se encuentra supeditada o condicionada por otra verdad que se desconoce o se omite irónicamente, esto genera vicisitudes o traumas innecesarios, pues el conocimiento o manejo de esa otra verdad disponible los hubiera evitado.

Como ejemplo de ello citaremos los casos anteriormente señalados de los individuos más inteligentes que aceptan que ser regentados por los menos inteligentes bajo el paradigma de mayoría electoral no depurada, en este caso, el aceptar ese error, implica que los más inteligentes quedan expuestos a una secuencia de traumas por el hecho que: *si se acepta un error junto con sus traumas: tácitamente se genera un matriz donde igual se deben de aceptar otros errores, junto con sus traumas, y así sucesivamente*, hasta que desaparezca el error por corrección una vez detectado, o por las circunstancias: siendo una de las

83

más típicas: el agotamiento degenerativo de los rezagados regentes.

En concreto podemos argumentar: que si los más inteligentes aceptan el error de ser regentados mediante el voto mayoritario de los menos inteligentes, igual deben aceptar el error donde estos les expropien su patrimonio, tanto colectivo como particular, indistintamente del orden de secuencia, luego podría seguir que le vendan y o regalen la patria a potencias extranjeras, luego que le secuestren todos los poderes públicos, tales como ejecutivo, legislativo y judicial, luego que le cierren y o asedien los medios de comunicación, luego que los encarcelen sin juicio o mediante juicios amañados, luego que les escamoteen las posibilidades electorales y sus resultados en caso que existan, luego que los destierren, y así sucesivamente quedan expuestos a sufrir todo tipo de aberraciones mientras perdure el error.

En realidad resulta muy típico que algunos individuos adquieran una conducta desarrollada sobre el resguardo acerca de este tipo de operatividad, siendo muy común los casos donde se procura no otorgarles mayor confianza a ciertos individuos, como medida de prevención a no sufrir determinados traumas que se generan a partir del *abuso de confianza*, entre ellos la falta de respeto donde se puede resultar ofendido, o de situaciones de robos, estafas, delaciones, chismes, etc.

En estos caso los individuos poseen gran conciencia sobre lo importante que resulta prevenirse, principalmente desde un primer momento, acerca de este tipo de errores, y procuran actuar con mayor contundencia en caso que la contraparte problemática no desista de sus propósitos, incluso esto mantiene alertados a los individuos problemáticos sobre la inconveniencia de tales prácticas.

Pero si bien este tipo de resguardo que procuran los factores hegemónicos en prevención de eventuales traumas originados por   factores desordenados, aplica de modo eficiente en la mayoría de los casos, esto ocurre es en casos particulares o personalizados, pero simultáneamente se comete el gravísimo error de permitir e incluso promover que los factores desordenados puedan regentar los destinos de los factores de orden, mediante el voto electoral mayoritario, lo que resulta en extremo paradójico e irónico, pues los resultados traumáticos de esto y en diferentes magnitudes, casi nunca se hacen esperar.

La solución ideal que amerita este tipo de errores, aunque sin resulta valida como secuencia correctiva, no consiste en que los factores de orden procuren superar mediante voto electoral mayoritario a los factores rezagados y de desorden, pues ellos significan mantener vigente la posibilidad del error, sino que la solución ideal está representada por la participación con criterio absoluto del los factores de mayor orden y relativa las de menor orden, pues tampoco habría que privar a los factores rezagados de alguna tipo de participación, así sea relativa.

A primera vista y motivado a los fuertemente arraigado del paradigma del voto mayoritario como factor de decisión absoluta sobre las regencias gubernamentales, pareciera que no sería tarea fácil corregir el severo error que ello representa, a la vez que también habría que tomar en cuenta la severa oposición que podrían llevar a cabo el liderazgo desordenando, pues el paradigma del voto mayoritario, representa uno de los factores que más le has brindado vigencia al menos en los actuales tiempos, principalmente porque ellos le permite valerse de su condición de perversos para arremeter contra los factores rezagados en procura de hacerse de la mayoría requerida para acceder al poder, y o para sostenerse en el.

Para el liderazgo malévolo, no siempre son iguales los parámetros operativos que aplican para acceder al poder, que para sostenerse en el, pues cuando están el poder comienzan a aplicar las máximas de *"quien hace la ley hace la trampa"*, y *"quien tiene el poder tiene la ley"*, y ellos les permite actuar con mayor impunidad que cuando estando fuera del poder y pretenden acceder a él, esto hace que igualmente les resulta más difícil a los factores rezagados procurar liberarse o desentenderse del liderazgo malévolo, a veces esto ocurre solo cuando con el paso del tiempo, los rezagados han conseguido armarse de valor, para contraatacar al liderazgo malévolo, y casi siempre los hacen de la mano o ayudados por factores hegemónicos del orden nacionales y o foráneos.

En todo caso: por tratarse todo esto de una situación fundamental para la vigencia del orden y sobre todo para la existencialidad del ser humano, no queda más alternativa que hacerle frente, con toda la contundencia que sea necesaria, y donde no solo habrá que enfrentar a factores evidentemente enemigos o rivales, sino a factores aparentemente propios que le hacen el juego al desorden, y que sean cuales sean las argucias del los desordenados, habría que establecer y hacer prevalecer también la máxima de cuyo preceptos serian, *"**que se cansen los injustos de sus injusticias, pero no los justos de su justicia**"*.

BIBLIOGRAFÍA

• Este libro está basado en el libro del mismo autor titulado: "La Máxima Lógica", y subtitulado "La Gecpolítica Existencial En El Reordenamiento Del Sistema".

• Todas las la citas bíblicas han sido tomadas de la Reina-Valera 1960™ © Sociedades Bíblicas en América Latina, 1960. Derechos renovados 1988, Sociedades Bíblicas Unidas.

• Motivado a lo muy extensa y en muchos casos difusa bibliografía; se hace prácticamente imposible citarlas a todas, en todo caso: podrían incluirse en futuras ediciones aquellas referencias que a común acuerdo apliquen como factibles y o necesarias.